Siegfried Maiers
Auf reicher Er

For Prisca with love
— and for Derek, hoping
that one day he will
be able to read it in
German.

Siegfried
10. 4. 2014

Siegfried Maiersen

Auf reicher Erde

Wo Arbeit neue Früchte trägt

edition fischer

Bibliografische Information der Deutschen Nationalbibliothek
Die Deutsche Nationalbibliothek verzeichnet diese Publikation in
der Deutschen Nationalbibliografie; detaillierte bibliografische
Daten sind im Internet über http://dnb.d-nb.de abrufbar.

© 2013 by edition fischer GmbH
Orber Str. 30, D-60386 Frankfurt/Main
Alle Rechte vorbehalten
Titelbild: © viappy (fotolia.com)
Schriftart: Palatino 12°
Herstellung: efc/bf
ISBN 978-3-89950-805-5

Vorwort

Jede Begegnung verändert mich.

Einer meiner Chefs pflegte zu sagen: »Mit 40 musst du dein Pferd gesattelt haben.« Fast drei Jahrzehnte lang erwarb ich mein täglich Brot durch die Mitarbeit in einem schwäbischen Industrieunternehmen. Und dies nicht ganz ohne persönlichen Erfolg. Mit 40 war mein Pferd wirklich gesattelt. Dessen ungeachtet hat die einstige Bereitschaft zur freudigen Mitarbeit an den Zielen des Unternehmens gegen Ende einem Verdruss Platz gemacht, einem Verdruss über die menschlichen Schwächen und die geistige Unordnung, welche die Kreativität, das Vertrauen und das Gespräch von Mensch zu Mensch kaputt machen. Dabei entsteht ein Klima, das eine offene Zusammenarbeit und ein ehrliches Miteinander im Unternehmen unmöglich macht.

Was lief da wohl schief? Musste dies wirklich alles so sein? Mich bewegte besonders die Frage, was mit mir selbst in diesen langen Jahren geschehen ist. Wie konnte es sein, dass Elan, Engagement und Leistungsfreude sich über die Jahre in Widerwillen und ein Gefühl der Sinnlosigkeit verwandelt haben? Hat das mit der Situation im Unternehmen und in der Gesellschaft zu tun? Oder damit, dass von anderen und von mir selbst Erwartungshorizonte gezeichnet wurden, die möglicherweise von vornherein eine Täuschung oder eine Selbsttäuschung waren? Hat es demnach gar mit meiner eigenen, inneren Entwicklung zu tun?

Mit der berühmten Laus, die einem über die Leber läuft, lokalisiert der Volksmund die Folgen eines solchen Verdrusses in diesem Organ. Was liegt also näher, als frisch von der Leber weg davon zu berichten? So habe ich in diesem Buch versucht, meine Gedanken, Ansichten und Gefühle, aber auch meine Beobachtungen und Erfahrungen aufzuschreiben. Nicht als ...ologe, der Untersuchungen anstellt, sondern als Betroffener, als einer aus der Praxis, der das alles am eigenen Leib erlebt hat.

Hier handelt es sich nicht um eine Studie, die sich in irgendeiner Weise um Objektivität oder Ausgewogenheit bemüht. Ich gestehe es von vornherein: Ich bin subjektiv – und war auch sauer auf einige meiner ehemaligen Vorgesetzten, weil sie mich geistig oder materiell bestohlen und verletzt haben, und ich die Unaufrichtigkeiten und Diffamierungen, denen ich ausgesetzt war, nicht so einfach wegstecken konnte.

Irgendwie war ich auch unzufrieden mit mir selbst, weil es mir nicht gelungen ist, mit dieser Entwicklung besser umzugehen. Und entsprechend subjektiv und unfrisiert bringe ich meine Ansichten hier zu Papier. Dabei muss ich auch einräumen, dass ich über viele Jahre hinweg in dem Bemühen, Karriere zu machen, versucht habe, mich an die Situation anzupassen und unfeine Spielchen aller Art zu spielen. Rückblickend kann ich zu meiner Freude gestehen: Ich war darin nicht besonders erfolgreich. In den letzten Jahren meiner Tätigkeit im Betrieb habe ich mich dann bewusst für eine bessere Kommunikation und mehr Menschlichkeit im Umgang miteinander eingesetzt und bin meinen Mitarbeitern und Kollegen in dieser anderen geistigen Haltung begegnet. Aber es ging nicht wirklich anders. Der Erfolg war der, dass ich selbst zum Außenseiter wurde.

In dieser Zeit lernte ich auch zu verstehen, dass all die negativen Äußerungen, die mir entgegen gebracht wurden, genauso ein Spiegel für mich waren wie die positiven. In den folgenden Jahren wurde das Verhältnis nach außen für mich nach und nach weniger wichtig. Kräfte aus einer anderen Welt klopften bei mir an und boten mir Hilfe und Führung an. Ich habe nie nach philosophischen, spirituellen oder metaphysischen Erkenntnissen gesucht. Genau die sind mir dann aber stets über den Weg gelaufen.

Ich habe diesen Dialog gewagt. Seither hat sich mein Leben sehr verändert. Meine Werteskala ist völlig umgekrempelt. Was einmal als Kampf um meine Karriere und mein Selbstverständnis in dieser Gesellschaft begann, wurde im Laufe der Zeit zu einem Marsch in geistige Dimensionen, deren Existenz mir zuvor nicht bewusst war.

In diesem Buch zeichne ich also auch meinen inneren Weg nach. Nicht lückenlos – dafür reicht meine Erinnerung nicht. Das ist auch nicht nötig, es genügen ja die wichtigsten Stationen. Ich versuche zu zeigen, wie ich mich verändert habe, welche Erkenntnisse ich in meiner neuen Entwicklung gewinnen durfte, und welche Folgen dies für mich hatte. Ich will mit einigen wichtigen Stationen den großen Bogen, die Spannung deutlich machen, die meine gegenwärtige Existenz zusammenhält. Der Dialog mit den Kräften der geistigen Welt kann nicht in seiner ganzen Fülle erzählt werden. Viele Dinge entziehen sich der Sprache, die wir sprechen. Ich versuche trotzdem, einen Eindruck zu vermitteln von den Erfahrungen und der Schönheit, die mir auf diesem Weg begegnet sind.

Viele haben wohl im Laufe ihres Berufswegs Zeiten erlebt oder erleben sie gerade jetzt, in denen sie mit einem flauen Gefühl im Magen zur Arbeit gingen oder gehen. Und viele sind gezwungen, etwas ganz anderes zu tun, als sie eigentlich tun wollen. Ich will auch all denen Mut machen, die täglich von Stress geplagt und voller Angst, vielleicht auch voller Verzweiflung in ihre Büros oder Werkhallen gehen. Ich will sie mit diesem kleinen Buch ermutigen, hinzuhören, wenn sich ihre innere Stimme meldet, näher hinzuschauen, wenn ihr inneres Auge fantastische Bilder sieht, und Neues in ihrem Leben zuzulassen.

Wohl muss jeder seinen ganz persönlichen Weg gehen, seine eigenen Entscheidungen treffen, die zu 100 Prozent aus ihm selbst kommen müssen. Abschreiben und Trittbrett fahren gilt nicht. Und doch kann es an manchen Stationen des Wegs hilfreich sein, wenn man sieht, wie es anderen ergangen ist.

Meine ersten Erinnerungen

Mir kann nichts schaden gegen meinen Willen.

Über mir donnern die Motoren der angreifenden Flugzeuge. Es ist Krieg, der Zweite Weltkrieg, wenige Tage vor der Kapitulation in einer süddeutschen Kleinstadt. Über mir dröhnen Flugzeugmotoren. Ich laufe in großer Angst über die Wiese den Hügel hinunter. Den Schutz des gewaltigen Birnbaums im Garten am Hang habe in hinter mir gelassen. Meine Mutter ruft mir in panischer Angst etwas aus dem Küchenfenster herüber. Ich kann sie nicht verstehen. Und ich laufe mit meinen fünf Jahren um mein Leben auf das schützende Haus zu. Irgendwie habe ich es dann doch geschafft. Was unauslöschlich bleibt, ist dieses Gefühl der totalen Bedrohung, des Ausgeliefertseins. Das begegnete mir noch öfter in meinem Leben.

Es ist später Abend. Das Heulen der Sirenen über der Stadt geht wie ein Messer unter die Haut, die Flugzeuge dröhnen bedrohlich am Himmel, im Keller drängt sich dickes Schweigen. Fliegeralarm. Am Abend dieses Tages sitzen wir alle miteinander im Keller. Ich weiß nicht mehr, wie viele Menschen es waren. Es dröhnt ein dumpfer Schlag, gefolgt von metallischem Klirren. Wir stürzen aus dem Keller. In ihrer Aufregung vergessen die Erwachsenen, dem fünfjährigen Naseweis zu befehlen, er solle im Schutzraum bleiben.

Ich stehe vor einem rot glühenden Stück Metall, einem Bombensplitter, der die Haustür durchschlagen hat und nun zischend im finsteren Flur liegt. Durch die offene

Tür sehe ich brennende Häuser, die gemeinsam mit der Leuchtmunition aus den Flugzeugen den nächtlichen Himmel in ein Meer von vielfarbigem Licht verwandeln. Die Masse und Intensität der freigesetzten Energie macht mir eine Gänsehaut. Ich denke: So sieht das also aus, wenn der Krieg in deine Stadt kommt. Dann stellt sich ein Gefühl von Zufriedenheit vermischt mit ein wenig Heldentum ein. Ich habe nun doch noch einen Bombenangriff erlebt, den ich bis dahin nur aus den Erzählungen der Erwachsenen kannte.

Träume

Jeder Traum ist ein Regulativ, ein Impuls aus der geistigen Welt.

Wir wohnten während der Nachkriegszeit in einem alten Stadthaus im zweiten Stock zur Miete. Zentralheizung und Badezimmer kannte ich nur vom Hörensagen. Dafür wusste ich genau, wie Eisblumen auf der Fensterscheibe meiner Kammer aussehen.

Ein fernes Rauschen und Poltern kommt immer näher. Mein Bett steht in einer schmalen Kammer unter einer Schräge, über der die Speichertreppe nach oben führt. Die johlenden und brüllenden Stimmen werden immer lauter. Hässliche, verwachsene Gestalten mit unbeschreiblichen tierhaften Gesichtern reiten auf Bestien, wie ich sie noch nie gesehen habe. Sie werden von wild kläffenden Hunden begleitet. Mit drohenden Gebärden und unvorstellbarem Gebrüll und Gepolter rasen sie über die Speichertreppe nach unten. Es will kein Ende nehmen. Endlich verschwindet der Letzte in der Ferne. Ich liege mit meinen sieben Jahren vor Furcht versteinert in meinem Bett und traue mich nicht aufzustehen, ich wage es nicht einmal, meine Hand zum Lichtschalter auszustrecken. Gegen den Nachthimmel sehe ich die Eisblumen am Fenster.

Jede Nacht kommt dieser Traum wieder, wochenlang. Ich habe nicht den Mut, mit jemandem darüber zu sprechen. Mir fällt niemand ein, dem ich das anvertrauen kann. Viel später beggenen mir die Gestalten aus dem Traum wieder: als Wasserspeier und Verzierungen an romanischen Kirchen.

Im Seminar

Also, ich war im Seminar. Managementtraining. Das war schön. Zwei Tage nichts arbeiten und trotzdem bezahlt werden.

Unser Trainer war witzig. Der wollte von uns wissen, was Management ist. Wir wussten es natürlich nicht. Sonst hätten wir ja das Seminar nicht zu besuchen brauchen.

Aber er hat es uns gesagt. Management, hat er gesagt, ist zum einen Teil Planung, zum anderen Mitarbeiterführung. Planen können Sie fast alle, hat er gesagt, aber führen kann kaum einer. Wenn ich unsere Führungsmannschaft vor meinem geistigen Auge Revue passieren lasse – mich selbst eingeschlossen –, muss ich sagen, er hat wahrscheinlich recht.

Wir hatten da mal einen, der war Vorstand. Dialektisch war der unglaublich gut. Und planen konnte er auch. So gut, dass er seinen Vorgänger vorzeitig aus dem Weg geplant hat. Der arme Kerl bekam später einen Herzinfarkt. Das war dem Vorstand aber egal. Und dass er in Sachen Mitarbeiterführung ein ziemlicher Versager war, das hat er zum Glück gar nicht gemerkt. Sonst hätte er ja gar nicht mehr unbefangen schalten und walten können. Das ist nämlich für einen Vorstand lebenswichtig. Seine Mitarbeiter haben es aber schon gemerkt, das mit der Führung, meine ich.

Und irgendwann bekamen wir einen neuen Vorstandsvorsitzenden. Der hat es auch gemerkt. Und nach einiger

Zeit war der Vorstand nicht mehr Vorstand. Wäre er lieber zu uns ins Seminar gekommen, da hätte er etwas über Mitarbeiterführung lernen können.

Schweinchen im Betrieb

Liebe deinen Nächsten wie dich selbst. Wie wenig können die Menschen sich selbst lieben, wenn man sieht, was sie alles mit ihrem Nächsten anstellen.

Schon Perikles, von dem gesagt wird, er sei ein großartiger Redner gewesen, wusste es: In der Rhetorik kennt man die Theorie, dass man eine gegebene Menge unter einem bestimmten Gesichtspunkt immer in zwei Kategorien einteilen (so zum Beispiel die Menschen in Alphabeten und Analphabeten) und dementsprechend seine Rede aufbauen kann. Diese Kategorisierung funktioniert auch in anderen Bereichen, unter anderem eben in der Unterteilung der Mitarbeiter eines Unternehmens in Schweinchen und Nicht-Schweinchen. Die Definition der Nicht-Schweinchen ist einfach, das sind alle die, auf welche die Beschreibung der Schweinchen nicht zutrifft. Mischformen treten kaum auf, da die Kriterien überwiegend im Bereich des Charakters oder des persönlichen Formats angesiedelt sind. Wir könnten auch sagen: Einmal Schweinchen, immer Schweinchen. Ob das stimmt, werden wir ja noch sehen.

Was also ist ein Schweinchen? Dieser Typ von Mitarbeiter ist in Unternehmungen aller Größenordnungen immer häufiger anzutreffen. Ich charakterisiere ihn seit Langem für mich selbst mit der Bezeichnung Schweinchen. Ein typischer Vertreter dieser Gattung zeichnet sich dadurch aus, dass alle seine Handlungen ausschließlich von der Frage bestimmt werden, was ihm selbst am besten nützt. Wie stehe ich am besten da vor meinem Vorgesetzten? Wie kann ich meine persönlichen Pläne am besten verwirklichen? Wie kann ich Widerstand dagegen am leichtesten ausschalten? Wie bringe ich andere Menschen im Betrieb in Misskredit? Wie bringe ich einen Menschen zu Fall, der mir im Weg ist? Kurz, wie mache ich mit allen Mitteln Karriere oder wie sichere ich ohne Rücksicht auf irgendjemand oder irgendetwas meinen Platz?

Da ist jedes Mittel recht. Das Erreichen von Unternehmenszielen, der sinnvolle Umgang mit Betriebsmitteln, der gesunde Menschenverstand ganz generell treten dabei in den Hintergrund, und Anstand oder Menschlichkeit haben dabei nichts zu suchen. An der Tagesordnung sind zunächst einmal die Ausbeutung, das Vortäuschen von möglichen Beförderungen, Einkommenssteigerungen oder anderen Vorteilen, um mehr Leistung zu provozieren. Ist die Leistung dann erbracht, stellt der Betroffene mit großer Enttäuschung fest, dass niemals wirklich die Absicht bestand, die versprochene Gegenleistung einzulösen. Manipulation nennt man das. Manipulation ohne Einlösen des in Aussicht gestellten Ereignisses untergräbt jegliches Vertrauen. Vertrauen ist aber eine wesentliche Grundlage für menschliches Zusammenleben, auch in einem Industriebetrieb. Das interessiert ein Schweinchen aber nicht, Hauptsache, es hat einen Vorteil für sich verbuchen können.

Es kommt aber noch viel schlimmer. Da wird mit Drohungen, mit blanker Gewalt gearbeitet. Wer mir nicht nützt, den setze ich unter Druck mit Entzug von Verantwortung, mit übermäßigem Arbeitsdruck, dem mache ich Angst mit ungerechtfertigten Beschuldigungen, mit übler Nachrede, mit Strafversetzung oder Abmahnung.

Die Abmahnung

Die Unterwürfigkeit nach außen in eine Hingabe nach innen verwandeln.

Ich werde zum Vorstand bestellt. Mein direkter Vorgesetzter ist schon da. Beide Herren machen mir heftige Vorwürfe, weil ich eine Mitarbeiterin angewiesen hatte, zur Vorbereitung einer neuen Werbekampagne zu unserem französischen Importeur zu reisen. Ein völlig normaler Vorgang, dessen Anordnung im Übrigen in meiner Kompetenz lag. Ich hatte damit nachweislich absolut im Interesse des Unternehmens gehandelt. Ich hatte allerdings dabei übersehen, dass meine Vorgehensweise nicht im persönlichen Interesse meines Vorgesetzten lag.

Also hängt man mir eine Abmahnung an, die auf eine völlig verdrehte Darstellung dieses Vorgangs aufgebaut ist. Ich versuche, meine Gründe darzulegen. Ich versichere den Herren glaubhaft, dass ihre Betrachtungsweise nicht den Tatsachen entspricht. Ich weise darauf hin, dass diese Maßnahme im Interesse des Unternehmens lag. Die hören mir überhaupt nicht zu.

Mein Chef lässt sich diese wundervolle Gelegenheit, mich massiv unter Druck zu setzen, nicht entgehen. Und der Vorstand spielt dieses lustige Spiel mit großem Vergnügen mit. Und ich habe wieder einmal dieses nagende Gefühl völliger Ohnmacht. Irgendetwas machte ich da falsch.

Machtmissbrauch

Wie du denkst, so bist du.

Man nennt das Mobbing (kommt aus dem Englischen: mob = Pöbel, Gesindel). Machtmissbrauch gehört längst schon zum Alltag im Betrieb, sodass bereits in Talkshows, Fernsehberichten und Fachzeitungen häufig darüber berichtet wird. Mit kleinen und großen Schikanen macht man einem Menschen im Betrieb das Leben jeden Tag so schwer, dass er es irgendwann einfach nicht mehr aushält und das Handtuch wirft. Bei diesem »Sport« tun sich häufig mehrere Schweinchen zusammen. Da sind sich Vorgesetzte nicht zu schade, üble Nachrede, deren fehlender Wahrheitsgehalt ganz leicht zu überprüfen wäre, unbesehen als Druckmittel einzusetzen, weil sie gerade so schön in ihr Konzept passt. Und Schweinchen in jeder Gehaltsstufe haben eine gute Nase für solche Situationen und leisten freudig ihren Betrag dazu.

Auch die sexuelle Belästigung im Betrieb gehört zu diesem Stichwort, die von der dümmlichen Anmache über das Antatschen bis zu systematischen Angriffen und Bedrohungen reichen kann, und die von den Macho-Typen als ihr vermeintlich gutes Recht beansprucht wird. Sie kann von Männern oder Frauen ausgehen, meistens aber von Männern. Wenn die Frau nicht auf die Wünsche eingeht, nicht reagiert wie erwartet, oder sich gar zur Wehr setzt, werden bösartige und zum Teil hasserfüllte Aktivitäten gegen sie in Gang gesetzt. Schließlich hat sie ja durch ihre Weigerung das Ego des Angreifers angekratzt. Selber schuld. Dass das alles in der bezahlten Arbeitszeit geschieht und damit dem Betrieb in erheblichem Umfang Leistungspotential entzogen wird, interessiert sowieso niemanden.

Die hohe Kunst der Intrige ist ein typisches Charakteristikum für Schweinchen. Man droht nicht offen, sondern diffamiert einen Kollegen so lange und so intensiv, bis alle anderen davon überzeugt sind, dass er ein Problem darstellt. Der Mitarbeiter stellt plötzlich fest, dass seine Kollegen sich von ihm fernhalten, das Gespräch erstirbt, wenn er in ihre Nähe kommt, seine Mitarbeiter werden schwierig und beginnen, an ihm vorbei zu arbeiten, und seine Vorgesetzten machen vage Andeutungen über mögliche Probleme. Er hat keine Chance, die Dinge richtig zu stellen, da niemand offen mit ihm darüber spricht.

Der Mitarbeiter hat auch nie wieder eine berufliche Chance in diesem Betrieb, mit etwas Pech in seiner ganzen Branche, denn die Personalabteilungen tauschen sich untereinander aus. Der Begriff des Rufmordes ist wohl etwas aus der Mode gekommen, die Tätigkeit, die er beschreibt, keineswegs. Und dabei sind sich alle Schweinchen im Unternehmen einig, auch wenn sie sich sonst nicht grün sind.

Die Schlachtfelder der Vergangenheit und die Intrigen am Hofe der Herrscher früherer Zeiten haben sich in die Büros und Produktionshallen der Gegenwart verlagert. Diese Machenschaften findet man in allen Schichten eines Betriebs, im Lager, am Montageband, in den nicht-produktiven Bereichen, in Konstruktion und Entwicklung und mit hoher Wahrscheinlichkeit leider auch in der Geschäftsführung. Man findet sie auch in allen Altersstufen. Ich habe junge Menschen erlebt, die kamen frisch von der Uni und beschäftigten sich zielstrebig von früh bis spät damit, anderen Menschen Unannehmlichkeiten zu bereiten mit dem Ziel, ihre persönliche Situation zu fördern. Dass sie in der Gruppe der älteren Mitarbeiter seltener vorkommen, ist vermutlich auf eine Art natürliche Auslese zurückzuführen.

The Old Bear

Mehr Achtung haben vor dem Unbekannten, dann kann sich mehr entwickeln.

Er liegt an der Themse unweit von Oxford. *The Old Bear* ist einer dieser prächtigen alten Gasthöfe, wie man sie in England noch findet. Uraltes Gemäuer, bestens gepflegt. Der Platz hat eine wundervoll ruhige und beschützende Energie. Ich bin mit Geschäftsfreunden unterwegs und freue mich schon auf den Abend und die Übernachtung in diesem Gasthof. Das Hotel ist gut belegt und es fehlt uns ein Zimmer im Haupthaus. Als Organisator der Gruppe bin ich sofort damit einverstanden, in einem Nebengebäude zu wohnen, einer ehemaligen Remise, in der nun auch Hotelzimmer eingerichtet sind.

Ich komme spät am Abend in mein Zimmer. Es ist ein großer, geräumiger Raum, firsthoch ausgebaut, die sichtbaren Dachbalken dunkel gebeizt, im gemütlichen Landhausstil eingerichtet. Hier gefällt es mir gut. Nach einigen Minuten merke ich jedoch, dass ich nicht allein bin. Ich bitte die anwesenden Energien, mich in Frieden schlafen zu lassen und, wenn möglich, den Raum zu verlassen. Das tun sie auch, ich schlafe sehr gut.

Doch ganz ohne Spuren bleibt der Gespensterbesuch nicht. Am anderen Morgen merke ich, dass der Geist mir im Schlaf noch ein Bild von sich übermittelt hat, das ich mit zunehmender Klarheit erkennen kann. Es handelt sich um einen Mann, der vor langer Zeit in jungen Jahren auf dem Dachboden dieser Remise gewaltsam zu Tode kam. Seit dieser Zeit kann sein Bewusstsein sich nicht so recht von diesem Raum lösen. Er hat sogar den Umbau über sich ergehen lassen. Beim gemeinsamen Frühstück mit meinen Geschäftsfreunden wirke ich wohl ein wenig einsilbig. Ich mag über die Erlebnisse der Nacht nicht sprechen. Ich kann mir schwer vorstellen, dass sie das ernst nehmen würden.

Hon y soy qui mal y pense

Ein Schuft, der Schlechtes denkt.

Dieses Motto eines alten französischen Ritterordens sagt nichts anderes, als dass ein Jeder vom Anderen die Verhaltensweise erwartet, die er selbst in einer bestimmten Situation an den Tag legen würde. Ich offenbare demzufolge durch meine Erwartungshaltung meine innere Einstellung. Als anständiger Mensch und korrekter Mitarbeiter unterstelle ich einem Kollegen solange, dass er ebenso ein solcher sei, bis ich aufgrund seiner Handlungsweise erkennen muss, dass er es nicht ist. Erst dann kann ich mich ihm gegenüber so verhalten, wie es mir dienlich scheint. Aber dies auch nur in Grenzen, denn ich werde ja selbst nicht sofort auch zum Schweinchen, nur weil es ein anderer schon ist. Umgekehrt wirkt sich dieser Mechanismus so aus: ein Schweinchen geht grundsätzlich davon aus, dass der Andere auch eines ist und handelt entsprechend, das heißt: schnell, gründlich und hinterhältig. Auf diese Weise behält es häufiger die Oberhand als die anderen. Das erklärt übrigens auch das Phänomen, dass ich häufig gerade dann, wenn ich mir sicher war, die reine Wahrheit zu sagen, auf völlige Ungläubigkeit stieß, und meine Gesprächspartner mir unterstellten, dass ich die Unwahrheit sage und in Wirklichkeit irgendeine Lumperei im Schilde führe. Da sie in dieser Situation so gehandelt hätten, unterstellten sie es automatisch auch ihren Gesprächspartnern.

Wir wollen Missverständnisse vermeiden. Ich betone an dieser Stelle ausdrücklich, dass ich nichts gegen das Karriere machen habe, auch nichts gegen sportliche

Konkurrenz zwischen den Mitarbeitern eines Betriebs. Ein junger Mensch qualifiziert sich unter anderem auch dadurch, dass er einen gesunden Ehrgeiz im Beruf entwickelt, und dabei soll er ruhig einmal auch seine Ellbogen benutzen. Wenn sich dazu die Bereitschaft zum Lernen und zur Einordnung in den Kollegenkreis gesellt, ist das akzeptabel. Um mit einem hohen Leistungsdruck leben zu können, braucht man eben auch ein gewisses Maß an Aggression und vielleicht sogar eine gewisse Rücksichtslosigkeit. Solange dies alles eingebettet bleibt in eine grundsätzliche Fairness und Menschlichkeit, in eine tolerante Grundhaltung, ist die Welt ja beinahe in Ordnung. Oder vielleicht doch nicht?

Das erste Horoskop

Ein kosmisches Gesetz: Für die Schaffung von Neuem sind chaotische Zustände notwendig.

Bei meinem ersten Besuch bei einer Astrologin sagte diese mir das Folgende:

Es geht nicht um Veränderung, es geht nicht um Wertung, nicht darum, ob das jetzt gut oder schlecht ist, das gibt es in der Esoterik gar nicht, sondern es geht darum, hinzuschauen, was ist hier thematisiert, wo sollen Sie sich verwirklichen, und wann kommen Sie in bestimmte Lernsituationen? Sie sind in einer Zeitqualität, wo Sie nach einem ziemlichen Stirb- und Werdeprozess, den Sie durchlaufen haben und durch den Sie fast durch sind (Stirb- und Werdeprozess heißt auch immer ein ziemlicher Leidensprozess), auf eine Ebene kommen, wo Sie Ihr Thema ganz anders und ganz neu betrachten. Und dass das häufig mit Veränderungen, mit Loslassen von bestimmten Situationen, auch Beziehungen im Leben zu tun hat, ist klar. Das ist nicht das, was man mit Midlifecrisis bezeichnet, weil die ist astrologisch so zwischen 38 und 40. Den Zeitpunkt haben Sie ja überschritten. Die haben Sie zwar auch gehabt. Die haben Sie aber mit zwei schweren Operationen hauptsächlich im Krankenhaus abgehandelt. Das heißt auch, Sie sind ausgewichen, wollten nicht hinschauen.

Wenn Sie in der Schilddrüse ein Problem haben, dann deutet das darauf hin, dass Sie sich zwingen, energetisch jemand zu sein, der Sie in Wirklichkeit nicht sind. Und dieser Zwang geht bei Ihnen ganz stark auf den männlich aktiven Bereich, der in Wirklichkeit nicht Ihr Thema ist. Sie sind ein weicher, sensitiver, emotionaler Mann. Das passt nicht in die Norm, deswegen ist es Ihnen peinlich. Also müssen Sie irgendetwas veranstalten, um das zwanghaft zu überwinden. Das Schicksal zeigt Ihnen durch Krankheit und Opfersituationen, dass das nicht Ihr Ding ist. Und das führt dann auch zu ganz kritischen Situationen.

Wieso ist es für Sie so wichtig, der Norm der anderen zu entsprechen? Sie gehören zu den Menschen, die sehr stark auf das Du bezogen sind, auf den Partner, auf das, was andere von Ihnen denken. Sie haben so das Gefühl (und das ist auch Ihre Aufgabe), Sie können ohne andere Menschen nicht leben. In der Einsamkeit zu leben ist nicht Ihr Thema. Sie lernen nur in der Begegnung, dem Kontakt, der Kommunikation mit anderen. Ihr eigener Brunnen, aus dem Sie schöpfen, ist nicht Thema in diesem Leben. Sie sind kein Egozentriker, Sie sind nicht autark, Sie sind nicht autonom, nicht das, was man als männlich aktiv, Autorität habend bezeichnet. 95 Prozent Ihres Lebensmaterials, Ihrer Persönlichkeitsstruktur stehen im Du-Bereich, in der Begegnung. Um etwas über sich selbst zu erfahren, müssen Sie in den Du-Bereich gehen, müssen Sie sich mit den Ideen anderer auseinandersetzen. Und das können Sie auch sehr gut. Daraus schöpfen Sie, daraus entwickeln Sie Ihre Kreativität, Ihre Beurteilungsfähigkeit, Sie haben eine sehr große Schlagfertigkeit, Sie können unheimlich schnell und genau über Ihre Intuition hinter irgendwelche Dinge blicken, Sie haben eine gute Diplomatiefähigkeit. Aber Ihre Fähigkeiten beginnen erst dort, wo Sie mit etwas im Außen in Kontakt treten. Und zwar nicht im Kontakt mit schönen, netten, friedlichen Situationen, dazu haben Sie keine Affinität. Ihr Wunsch nach Harmonie kann sich immer erst in Grenzsituationen verwirklichen.

Sie versuchen in Ihrem Perfektionismus immer, die Sachen lieber hundertfünfzig- als hundertprozentig zu machen, weil Sie sehr viel Angst vor Kritik haben. Kritik könnte ja Ablehnung bedeuten. Und nachdem Sie so abhängig von den anderen sind, müssen Sie ja irgendwie vermeiden, Ablehnung zu erfahren. Wenn man aber zu viel auf einer Ebene gibt, auf die man nicht gehört, sagt das Schicksal trotzdem: »Bagger, Bagger, Bagger, hier gehörst du nicht hin, du gehörst dort hin.« Das empfinden wir dann als Ungerechtigkeit. Und bis etwa zu Ihrem 38. Lebensjahr haben Sie etwas verbittert mit der Ungerechtigkeit der Welt gekämpft, vor allem auf der beruflichen Ebene.

Seitdem hat sich etwas geändert. Die Einsicht kam ganz allmählich über einen intuitiven Bereich, nicht über den Intellekt. Da hat etwas in Ihnen gesagt: »Also hör mal, jetzt ist es auch wieder gut, das hast du nun schon 41 Jahre lang gemacht, jetzt hör mal auf damit.« Und da kam so langsam ein neuer Faktor dazu, der Ihnen die Möglichkeit gegeben hat, dieses Spektrum ein bisschen zu erweitern. Normalerweise sind Sie rechthaberisch und fanatisch. Sie kehren das nur nicht so nach außen, weil Sie sehr harmoniebedürftig sind. Aber wenn Sie dann Ihre Meinungen loslassen, sind Sie ganz schön bissig, sarkastisch und subtil. Diese Ambivalenz haben Sie solange gelebt, wie bei Ihnen viel Verdrängung und wenig Eigenliebe bestand. Autoaggression, die sich ja letztlich auch in diesen lebensbedrohenden Krankheiten ausgedrückt hat.

Früher, in einer anderen Zeit, hätte die Sache mit der Schilddrüse den Effekt gehabt, dass Sie irgendwann mal keine Luft mehr gekriegt hätten. Das hätte zur Passivität und letztlich zum Exitus geführt, weil Sie nicht freiwillig in den reagierenden Bereich gegangen sind. Freiwillig ist der Wasserbereich weiblich, passiv, reagierend. Reagierend sein heißt aber nicht passiv sein im Sinne von den ganzen Tag im Bett liegen und nichts tun, sondern heißt immer, da muss ein Impuls kommen, den nehme ich auf, weiblich passiv, und auf den reagiere ich. Und die Geschichte mit dem Herzen hätte natürlich den gleichen Effekt gehabt. Sie hatten im Grunde zwei Schicksalsaufforderungen, die dank der Medizin nicht zur Elimination geführt haben. Und die Lernsituation dahinter ist, zu begreifen, dass Ihre Aufgabe eben viel stärker im weiblich passiven als im männlich aktiven Bereich liegt. Das heißt nicht, dass Sie irgendwie ein Versager sind. Davor hatten Sie immer Angst, weil Sie das aus Ihrer Familie kennen. Und so wollten Sie nie sein. Sondern das heißt einfach, dass Ihre Funktion die des zweiten Mannes ist, der den Ball, den der erste Mann initiiert hat, auffängt und dann organisiert, delegiert und da auch seine Stärke und seine Fähigkeit besitzt.

Was ist nun Ihr inneres Anliegen, Ihre Veranlagung? Sie sind jemand, dessen Lebensmaterial sehr schwierig ist. Es ist das Thema: Ich interessiere mich nur für psychisch-seelische Grenzsituationen, also für die größte Spannung der Polarität. Das ist extrem, da gibt es keine Grautöne. Und das bewirkt von Ihrer Energie her, dass Sie immer in extreme Situationen kommen. Sie suchen sich auch im privaten Bereich keine lockere, lässige Situation, sondern das geht schon haarscharf an die Grenze, was Sie da machen. Nehmen wir mal an, Sie würden sich aus Ihrer Ehe lösen wollen, würde das auf der Recht-Gerechtigkeitsebene ein ziemliches Gezerre geben. Sie wollen loslassen, aber Ihre Frau noch nicht. Und das ist ein Spiegelbild für Sie. Und diejenige, die jetzt kämpfen würde, wäre natürlich Ihre Frau. Ihr Thema ist Schuldgefühle. Wenn Sie sich wirklich innerlich und äußerlich lösen, wenn Sie wirklich das Gefühl haben, das ist in Ordnung, ich darf das, dann hat der andere gar keine Möglichkeit mehr, an Ihnen zu zerren und zu ziehen. Umwelt ist Spiegel für Eigenproblematik. In dem Moment, in dem Sie wollen, geht's und funktioniert's. Solange Ihre innere Stimme noch nein sagt, hat jeder den totalen Zugriff auf Sie. Sie finden keine Wohnung, Ihre Frau kann was weiß ich alles mit Ihnen machen und so weiter.

Es ist immer so; wenn Sie ein Versprechen eingegangen sind und davon frei kommen möchten, müssen Sie etwas opfern. Die Götter wollen ein Opfer haben, wenn sie Ihnen ermöglichen, aus etwas zu entkommen, was eigentlich menschenunmöglich ist. Sie stellen häufig Materie über Psyche. Auf der materiellen Wertebene sind Sie eher etwas geizig. Und genau um die Ebene geht's. Schenken Sie Ihrer Frau etwas dazu, bieten Sie Ihr freiwillig etwas mehr an als halbe-halbe. Schenken Sie Ihr das Haus zum Beispiel. Rein psychisch ist das gar nicht schlecht. Nehmen Sie so wenig wie möglich Zeug mit, weil daran haftet die Energie der letzten 20 Jahre, die Auseinandersetzungen, die Spannungen. Wenn ich etwas Neues anfangen möchte, dann zerre ich nicht die alten Sachen mit mir rum. Ihre Frau ist sehr großzügig mit Erwerbungen, und genau auf der Ebene können Sie frei werden von ihr.

Entwicklung findet immer da statt, wo es am meisten weh tut. Wenn ich das loslassen muss, was mir am allerwichtigsten ist, wenn ich das jemand sagen muss, was ich nie jemand sagen würde, das ist immer Entwicklung.

Transaktionsanalyse

Das war schön. Unser Trainer hat uns beigebracht, wie man Transaktionsanalyse macht. Jetzt muss ich das mal ein wenig erklären, sonst versteht ja kein Mensch, wovon ich rede.

Also, das menschliche Ich ist in Wirklichkeit gar kein Ich, sondern, wenn man es genau nimmt, drei Ich. Das Eltern-Ich, das ist das mit dem erhobenen Zeigefinger. Das Erwachsenen-Ich, das ist, wenn die Leute halbwegs normal sind. Und das Kind-Ich, das ist, wenn man im Geiste dauernd »jawollherrrdirrektor« vor sich hin sagt.

So, das ist das ganze Rüstzeug, das man für die Transaktionsanalyse braucht. Wenn man jetzt noch genau beobachtet und einen halbwegs respektablen Intelligenzquotienten hat, dann kann man immer herausfinden, welches Ich gerade aus einem Menschen spricht.

Ich finde es ganz prima, dass unser Trainer uns das beigebracht hat. Die Manager einer ordentlichen Firma opfern nämlich der Not gehorchend ungefähr achtzig Prozent ihrer kostbaren Zeit (die ist wirklich arg teuer) für Konferenzen. Auf Neudeutsch heißt das Meetings.

Und wenn ich jetzt in einem solchen Meeting sitze, dann ist der Unterhaltungswert meistens ziemlich gering. Also ganz ehrlich, in der Fernsehserie »*Einer wird gewinnen*« war bestimmt mehr los. Aber der Titel ist gar nicht schlecht. In so einem Meeting gewinnt auch meistens einer.

Aber bis das soweit ist, könnte man sich manchmal geradezu zu Tode langweilen. Und sehen Sie, da braucht man dann die Transaktionsanalyse. Einfach, um sich die Zeit zu vertreiben. Ob Sie es glauben oder nicht, aus den meisten Managern spricht das Eltern-Ich. Und wenn einer noch Karriere machen will, dann schaltet er an der richtigen Stelle das Kind-Ich ein. Und so richtig normal sind die Kerle eigentlich nie.

Übrigens, das mit dem Einschalten des Kind-Ichs an der richtigen Stelle ist das Erste, was einer lernen muss, wenn er es in der Industrie zu etwas bringen will. Dann wächst nämlich das Selbstbewusstsein von denen, die mehr verdienen. Und diese dringend benötigte Hilfestellung bei der Bewältigung ihrer schweren Aufgaben wird dann ganz sicher später einmal auf die eine oder andere Weise belohnt. Seilschaft nennt man das heute. Ein Vorgesetzter ist halt erst recht bloß ein Mensch.

Natürlich treffe ich immer wieder Menschen, die es durch Fleiß, Können und Menschlichkeit in ihrem Betrieb zu etwas gebracht haben. Aber in Führungspositionen findet man die selten. Unser Trainer hat gemeint, wenn man alle Manager zu ihm in sein Seminar schicken würde, dann könnte sich das eines Tages ändern. Aber als Trainer muss man eben schon ein Optimist sein. Ich glaube halt, das Einzige, was passieren würde, wäre, dass der Trainer unheimlich reich werden würde. Wäre ja schön für ihn.

Wenn die Menschen leiden, leidet das Unternehmen

Es herrscht dicke Luft – niedrige Energie hat sich ausgebreitet.

Erster Arbeitstag im neuen Betrieb. Sie rücken frohgemut in Ihrem neuen Büro an, nehmen Ihren neuen Arbeitsplatz ein und sind besten Willens, sich schnell einzuarbeiten und gute Arbeit abzuliefern. Und was finden Sie vor? Eine Mauer aus Ablehnung. Anstatt sich über eine neue Hand an Bord zu freuen, die helfen kann, die gestellten Aufgaben besser zu bewältigen, begegnen Ihnen die neuen Kollegen mit Misstrauen und Ablehnung. Anstatt Erfahrungen weiterzugeben und dem Neuen Hilfestellung zu geben, damit er sich möglichst schnell einarbeitet, wird gemauert, werden Informationen zurückgehalten, werden ihm nach Kräften Steine in den Weg gelegt. Egoismus, Angst vor Konkurrenz und Gleichgültigkeit versus Gemeinsinn. Letzterer verliert dabei fast immer. Wo ein wirtschaftliches Unternehmen von zu vielen Menschen als Plattform für ihre eigene Profilierung und das Ausleben ihrer Ich-Bezogenheit und Selbstsucht missbraucht wird, werden zwangsläufig negative Folgen für alle entstehen.

Und alle Beteiligten verlieren dabei. Der Neue, weil er sein Leistungspotential nicht entfalten kann und in kurzer Zeit frustriert sein wird, die Kollegen, weil sie freiwillig auf die Beiträge und Ideen des Neuen verzichten, und der ganze Betrieb, weil die vorhandenen Potentiale nicht genutzt werden können. Bei diesem dummen Psychospiel gibt es keine Gewinner, nur Verlierer. Welche Möglichkeiten habe ich da als Einzelner? Entweder bin ich es schon oder ich werde ganz schnell ein Schweinchen.

Dann spiele ich einfach mit und mache mir weiter keine Gedanken über meine eigene Entwicklung oder die des Betriebs. Will oder kann ich das nicht, vielleicht weil ich ein anständiger Kerl bleiben möchte, dann muss ich mir schon Gedanken machen. Sie kennen gewiss das Bild von den drei Affen: Einer hält sich die Augen zu, einer die Ohren und einer den Mund. Nichts sehen, nichts hören, nichts sagen. Dieses Verhaltensmuster muss sehr alt sein, denn ich habe diese Darstellung als Relief in einem hinduistischen Felsentempel in Malaysia gefunden. Ich halte mich völlig bedeckt, werde einer von den ganz Stillen, dadurch vielleicht sogar ein recht beliebter Kollege, denn ich tue ja niemandem weh, und am Ende eines langen Arbeitslebens bekomme ich zwar eine schöne Rente, stelle aber betrübt fest, dass ich mir mit dieser ganzen Duckmäuserei meinen Charakter verbogen habe.

Es geht auch anders. Ich kann versuchen, mir eine positiv aktive Einstellung zu bewahren. Was heißt das? Ich halte Augen und Ohren offen und sehe und höre, wo die Dinge im Argen liegen, wo die viel beschworene und doch insgeheim verhasste Kommunikation nicht funktioniert, wo einzelne Mitarbeiter oder Abteilungen sich Machtpositionen aufbauen, die den betrieblichen Ablauf be- oder gar verhindern, wo hoch bezahlte Leute ihre Zeit dafür verschwenden, gegeneinander zu intrigieren, wo Einzelinteressen über das Gemeinwohl und die gemeinsamen Ziele im Unternehmen gestellt werden. Hier kann die Transaktionsanalyse übrigens eine große Hilfe sein. Ich mache meinen Mund auf, ich weise im richtigen Moment an geeigneter Stelle auf sachliche Zusammenhänge hin, ich beende Psychospiele, indem ich das Gespräch auf die

Erwachsenenebene stelle, und suche durch faire Kooperationsbereitschaft und zielorientiertes Verhalten und Handeln zu demonstrieren, dass es auch anders geht.

Aber Vorsicht, Druck erzeugt Gegendruck. Und Schweinchen verstehen bei so etwas keinen Spaß. Je nachdem, wie weit das kollektive Bewusstsein meines Betriebs von den negativen Gedanken geprägt wird, werde ich ganz schnell zum Außenseiter, zum unliebsamen Querulanten, zu einer Art Michel Kohlhaas. Und wenn ich lange genug nicht lockerlasse, und wenn ich keinen sehr einflussreichen Freund im Unternehmen habe, der seinen Spaß an dem Salzkorn im Teig hat, dann spuckt mich das kollektive Bewusstsein eines Tages aus wie einen abgelutschten Kirschkern. Dabei sind auch unfeine Methoden durchaus an der Tagesordnung. Ich kenne nur wenige Menschen, welche die Courage haben, diesen Weg zu gehen, obwohl er der einzig richtige ist, wenn ich meine eigene geistige Entwicklung fördern will. So mancher ausgespuckte Kirschkern fiel übrigens auf fruchtbaren Boden und wuchs zu einem stattlichen Baum.

Wer spricht da aus mir?

Die Irritation des Verstandes ist Beschleunigung der geistigen Entwicklung.

Wir sitzen um den Konferenztisch in Zimmer 420. Sieben oder acht Gesprächsteilnehmer. Alle sitzen mit wichtigen Gesichtern in ihren Sesseln, die Hemdsärmel sind aufgekrempelt, die Krawatten gelockert, der oberste Kragenknopf ist offen. Die Jacken hängen schlotternd über den Stuhllehnen. Durch die Fenster schickt die Sonne ihre Strahlen und spielt mit den Staubpartikeln in der Luft. Das Thema der Besprechung schleppt sich hin. Die gedankliche Präzision ist schon lange dem Drang zur Selbstdarstellung zum Opfer gefallen. Langsam werde ich schläfrig.

Plötzlich dreht sich das Gespräch in eine Richtung, die meinen Fachbereich betrifft. Mein Beitrag ist gefordert, und ich höre mich Dinge sagen, die ganz bestimmt nicht aus meinem Gehirn kommen. Das passiert mir nicht das erste Mal. Immer wieder kommt es vor, dass ich Gedanken äußere, die mir selbst neu sind, die ich vorher nicht bewusst gedacht habe. Und es hat immer präzise zum Thema gepasst. Manchmal war es vielleicht etwas unkonventionell, gelegentlich bin ich einem damit auch auf die Füße getreten, aber gut war es immer. Inzwischen nenne ich das einen direkten Eingriff meiner geistigen Berater. Damit meine ich die Verursacher solcher »Geistesblitze« in der geistigen Welt.

Den Zielen des Unternehmens dienen

Wo gute Menschen schweigen, gedeiht nichts Gutes.

Jede wirtschaftliche Unternehmung lebt von ihren zahlenden Kunden. Sie kann nur existieren, wenn sie eine Ware oder Leistung anbietet, die für einen anderen interessant genug ist, dass er dafür eine angemessene Summe auszugeben bereit ist. Das ist zwar eine Binsenweisheit, sie gerät aber völlig in Vergessenheit bei unseren Egozentrikern und Profilneurotikern. Die wollen sich nur persönliche Denkmäler setzen. Kostenbewusstsein gibt es sowieso nicht mehr, und alles in allem fehlt die Kreativität und die visionäre Kraft, die ein Unternehmen braucht, um sich weiterzuentwickeln. So werden dann Produkte am Markt vorbei entwickelt und die Preise laufen aus dem Ruder.

Damit sind wir bei der Werbung. Denn wenn ich nicht mehr mit Qualität und Preiswürdigkeit dienen oder den Kanal nicht voll genug kriegen kann und ständig mehr von einer Ware produziere als der Markt aufzunehmen in der Lage ist oder gar etwas produziere, für das es vernünftigerweise gar keinen Bedarf gibt, dann muss ich versuchen, meinen Kunden durch Werbung zu manipulieren und ihn davon zu überzeugen, dass er etwas kauft, was er sich nicht leisten kann, was er schon hat oder gar nicht braucht.

Übrigens, an dieser Stelle fängt echter Umweltschutz an. Die Herstellung von Produkten, die keiner braucht, ist Umweltverschmutzung. Die immer höher steigenden Aufwendungen für Verkaufsförderung und Werbung tragen auch noch dazu bei, den Betrieb immer weiter von einem redlichen und preiswürdigen Angebot zu entfernen. Auf diese Weise wird letztlich die Existenz des Unternehmens infrage gestellt.

Die Mitarbeiter beginnen, ihren Arbeitsplatz ausschließlich als Tummelplatz für ihre persönlichen Neigungen und Wünsche zu sehen. Der Konstrukteur verwirklicht sich selbst am Computer, der Vertriebsmann pflegt nur noch seine persönlichen Beziehungen, der Arbeiter am Band oder im Lager interessiert sich nur noch für die präzise Einhaltung seiner möglichst kurzen Arbeitszeiten, in der Verwaltung oder im Kundendienst pflegt man in langen persönlichen Gesprächen sein angeschlagenes Selbstbewusstsein, im Sekretariat wird stundenlang getratscht, und alle miteinander achten mit gierigen Augen auf die jährliche Lohnerhöhung. Und ich habe viele getroffen, die dann noch zusätzlich versuchen, ihr Unternehmen zu beklauen oder um Sonderleistungen zu betrügen. Und wo bleibt in diesem Szenario der Kunde?

Als Folge dieser Geisteshaltung verlieren die Leute auch jegliches Kostenbewusstsein. Hauptsache, ich habe meinen Spaß. Hauptsache, ich bekomme, was ich will. Dass ich dem Unternehmen mit meinem Verhalten zusätzliche Kosten verursache, die in ihrer Summe seine Wettbewerbsfähigkeit gefährden, interessiert mich doch nicht. Wenn dann eines Tages die rote Tinte aus der Bilanz tröpfelt, dann kommt das Controlling und setzt die Daumenschrauben am Budget an. Da den Mitarbeitern niemand die Zusammenhänge erklärt und sie kein Bewusstsein dafür entwickeln können und eigentlich auch nicht entwickeln wollen, dass sie diese Lage weitgehend selbst herbeigeführt haben, verbreiten sich Unlust und Missmut. Diese Entwicklungen beschränken sich keineswegs auf die gewerblichen Mitarbeiter und das untere Management. Das gleiche Verhalten und der gleiche Mangel an Einsicht sind auch im oberen Management und an der Unternehmensspitze zu beobachten, dort allerdings mit wesentlich dramatischeren Folgen.

Auf diesem vergifteten Boden verkümmert und verdorrt alles, was ein Unternehmen braucht: echte Leistungsbereitschaft, Gemeinsinn, das Vertrauen in die gemeinsamen Ziele, Menschlichkeit, Hilfsbereitschaft, Fröhlichkeit, Kreativität und die Vision von der Zukunft des Unternehmens. All dies wird man in diesem Gestrüpp vergeblich suchen. Ich fürchte, so manches ehemals solide und angesehene Unternehmen wird in näherer Zukunft an seinen Schweinchen zugrunde gehen.

Der Kunde, von dem wir leben

Der Mensch ist das, was oder wie er denkt.

Das Telefon klingelt. Ein langjähriger Kunde aus dem Ausland ist am Apparat. Es ist ein loyaler Kunde, der schon viel Umsatz gebracht hat. Er braucht dringend ein Ersatzteil, seine Maschine steht. Er bittet um meine Hilfe.

Ich will ihn mit meinem Kollegen im Teiledienst verbinden. Vergeblich. Der Kollege geht zwar ans Telefon, aber er erklärt mir kategorisch, dass heute Nachmittag ein Warnstreik stattfindet. Der Kunde interessiert ihn jetzt nicht, der Streik ist ihm wichtiger.

Hoffentlich ist der Kunde unserem Hause erhalten geblieben. Natürlich können gewerkschaftliche Kampfmaßnahmen wichtig sein. Aber eine ganzheitliche Sicht unserer Aktivitäten würde es uns ermöglichen, zum Besten des Unternehmens auf die täglichen Herausforderungen zu reagieren.

Noch ein Horoskop

Die Unsicherheit nimmt zu. Es ist die Angst vor der Veränderung.

Bei meinem nächsten Besuch sagte mir die Astrologin Folgendes:

Was ist jetzt bei Ihnen in Ihrer Grundsituation konkret los? Es ist hier auffällig, dass Sie seit drei, vier Monaten in einem ganz starken inner-seelischen Umbruch sind. Umbruch heißt nicht Evolution auf der Basis dessen, was Sie bisher gemacht haben, sondern heißt wirklich: Metamorphose. Da werden die alten Klamotten ins Feuer geworfen und Sie gehen durch einen Reinigungsprozess. Da kriegen Sie irgendwo neue Klamotten, das heißt also eine neue Rolle. Wenn Sie in einer solchen Situation sagen: »Na gut, ich bin bereit, die Krawatte abzulegen und dafür eine Fliege zu tragen«, dann ist das keine Metamorphose. Es geht im Leben für Sie im Moment nicht um Kompromisse, es geht um ganz oder gar nicht. Es geht um einen total neuen Lebensabschnitt, wo Sie keinerlei Sicherheit bezüglich des Alten haben.

Da Sie aber ein Mensch sind, der einerseits sehr viel spürt, wonach Sie den Umbruch wahrgenommen haben dürften, der auf der anderen Seite aber so perfektionistisch und ängstlich ist, und bloß keine Entscheidung treffen will, und wenn, dann nur so ein bisschen hin- und herschiebt, ist Ihre Gangart wie beim Schach mit dem Bauern. Eigentlich gehts jetzt aber um einen Damenzug. Und das spüren Sie auch, das macht Ihnen aber Angst. Jetzt haben Sie eine Entscheidung getroffen und einen

Bauernzug gemacht. Und jetzt merken Sie innerhalb dieser Situation, dass das nicht stimmt. Und der, der Ihnen das zeigt, ist Ihr Vorgesetzter, der Sie nicht lässt. Das soll Ihnen zeigen: Das ist einfach nicht mehr der richtige Platz, da ist die Luft raus. Sie haben auch eigentlich gar keine Lust mehr.

Es hat eine seelische Verwandlung stattgefunden. Seit ein paar Wochen dürften Sie über diesen Punkt weg sein. Und jetzt kommt irgendwie hoch, was Sie in Wirklichkeit sind. Da ist einerseits die Begeisterung. Neutral vernünftig irgendwas machen geht bei Ihnen sowieso nicht. Entweder Sie sind begeistert oder Sie sind es nicht. Ihre Einsatzbereitschaft steht und fällt mit Ihrer Begeisterung. Die andere Komponente, die bei Ihnen ganz stark betont ist, ist das Wasserelement, das heißt alles, was mit Psyche, Empfinden, Erleben und dem zwischenmenschlichen Bereich zu tun hat. Ihr Betätigungsfeld ist wirklich Begegnung, Kontakt, Kommunikation mit Menschen auf der psychischen Ebene.

Diesen Sprung, diese Veränderung können Sie nicht am sicheren alten Platz erfahren, sondern Sie müssen letztlich in eine neue Situation, die aber nicht nur beruflicher, sondern auch privater, persönlicher Natur ist. Sie sind seit drei, vier Monaten an dem Punkt, wo es darum geht, Farbe zu bekennen. Es geht jetzt um ganz oder gar nicht, was sich letztlich auch auf die Situation mit Ihrer Lebensgefährtin bezieht.

Wenn so ganz tiefe innerseelische Wandlungsprozesse stattfinden, wie bei Ihnen seit ungefähr anderthalb Jahren, hat man das Gefühl, das stimmt alles nicht mehr.

Man ist dann innerlich sehr orientierungslos. Und da hat man, weil einem die Felle davon schwimmen, das Gefühl, man muss jetzt unbedingt was anderes machen. Dann hat man oft die Tendenz, zu früh in etwas hineinzugehen. Zu früh heißt, Sie stehen da vor den Toren des Hades und merken: Oh, oh, jetzt wird's ernst. Und Sie sagen dann: Ich schmeiß lieber meine Kleider oder meine Rolex freiwillig hin, als dass ich da noch näher herangehe und mir das Zeug nehmen lasse. Und so entsteht häufig der Entschluss, beruflich etwas anderes zu machen. Aber so geht das nicht. Der Wandlungsprozess muss erst fertig sein.

Über Ihre letzten 50 Jahre können Sie sagen: Vielen Dank, liebes Schicksal, das war ganz nett und schön, und Auf Wiedersehen. Das ist wie alles hinter sich lassen. Aber nicht wegrennen, sondern wie kompostieren. Dieser Prozess des Kompostierens dauert anderthalb bis zwei Jahre, und dann kann ein neues Pflänzchen entstehen. An dieser Stelle sind Sie erst seit vier, fünf Monaten. Ihr Pflänzchen kann also noch gar nicht gewachsen sein. Und auf dem Boden, den sie ihm bereitet haben, kann es auch kaum gedeihen. Es ist etwas gänzlich Neues, in jeder Hinsicht.

Jetzt kommt auch die partnerschaftliche Situation. Es geht im Moment ja um Bekennen, um ganz oder gar nicht. Es geht um Entscheidung. Sie sind der reagierende Part, für Sie geht es jetzt um die innere Entscheidung: Bin ich jetzt bereit zu dieser Beziehung und will ich in dieser Beziehung leben? Das Heiraten ist psychisch die Entscheidung. Wenn was stimmt, dann läuft das so, dann gibt es kein Wenn und Aber.

Sparen

Ein Manager ist übrigens immer ein Optimist. Das hat der Trainer auch gesagt. Von Schönwettermanagern hat er geredet. Das ist so: So lange das Geschäft gut geht, behaupten sie alle, das sei hauptsächlich oder ganz wesentlich auf ihre Umtriebe zurückzuführen.

Und vor lauter Freude darüber vergessen sie das Bisschen, was sie einmal gelernt haben, vollends ganz, und plötzlich hat die Konkurrenz die Nase vorn und die Kosten laufen davon. Und dann sind alle anderen schuld, nur sie nicht.

Und jetzt schlägt die Stunde des Controllers. Denn das Einzige, was jetzt noch hilft, sind höhere Erträge. Und weil der Controller der einzige im Betrieb ist, der alle Kosten sowieso schon ausgerechnet hat, ist der jetzt der Mann der Stunde.

Man glaubt gar nicht, wo man überall sparen kann. Kennen Sie auch den Spruch »Der Kunde ist König«? Also, wenn der Kunde König ist, dann hat er auch Geld oder wenigstens Kredit. Deswegen schickt man an alle Kunden einen Brief, in dem steht, dass die Preise wegen gestiegener Aufwendungen für Löhne und Gehälter sehr zu unserem Bedauern angehoben werden müssen.

Würde man nur schreiben »Wir haben die Preise erhöht«, dann würde der Kunde vielleicht sagen: »Schau sie an, diese Schlawiner, jetzt sind sie schon wieder mit den Preisen raufgegangen.« Aber wenn man schreibt: »Sie mussten angehoben werden«, dann wird er nachdenklich. Und nach einer Weile wischt er sich eine Träne aus dem Augenwinkel und sagt voller Mitgefühl: »Muss es denen aber dreckig gehen.« Wenn wir Pech haben, bestellt er aber trotzdem bei der Konkurrenz.

Wir haben da einen wirklich netten Kollegen, der ist für die Erstellung von Statistiken zuständig. Das ist in solchen lumpigen Zeiten eine sehr wichtige Funktion. Der muss jetzt jeden Tag eine neue Statistik machen.

Und wenn die Kurve dauernd auf die rechte untere Ecke des Blattes zeigt, dann gibt es wieder viele Meetings. Irgendwann kommt jetzt bombensicher der Moment, wo der Vorstand ganz traurig seinen Kopf schüttelt und sagt: »Nun haben wir dauernd die Preise erhöht und der Umsatz geht trotzdem noch zurück. Das verstehe ich nicht.«

Jetzt muss ihm der Controller wieder zum rechten Verständnis verhelfen. Der hat nämlich Betriebswirtschaft studiert. Deshalb weiß der auch, dass man den Ertrag auch steigern kann, indem man die Kosten senkt. Ich erzähle Ihnen einmal ein paar Beispiele mitten aus der Praxis.

Wenn die Kunden glauben, dass das Produkt, das wir herstellen, eine gute Qualität hat, eine lange Lebensdauer und lauter solche Dinge, dann nennt man das auf Neudeutsch ein gutes Image. Unserem Betrieb darf ich an dieser Stelle ein Kompliment machen: Wir haben es nämlich geschafft, dass unsere Produkte ein gutes Image haben. Wenn man jetzt in der Produktion für ein paar einzelne Teile ein billigeres Material nimmt, dann macht das für die Kunden überhaupt keinen Unterschied. Denn das Image bleibt ja das gleiche. Aber wir senken die Kosten.

Man kann auch anders sparen. Letzte Woche habe ich freiwillig ein privates Telefongespräch bezahlt. Einen Euro und sechs Cent. Eigentlich waren es nur 1,057 Euro, aber die drei Hundertstel Cent habe ich der Firma geschenkt. Die Vorstände haben nämlich an alle Mitarbeiter appelliert, dass sie jetzt ganz arg sparen müssen.

Aber das sind alles Tropfen auf einen heißen Stein. Und todsicher kommt der Moment, wo man Leute entlassen muss. Wenn jetzt sozusagen ein Außenstehender entscheiden müsste, wer rausfliegt, dann würde der wahrscheinlich so rechnen: die Lohnkosten für einen Manager liegen bei 800.000 Euro im Jahr. Für einen einfachen Arbeiter liegen sie bei 100.000. Also schmeißen wir lieber den Manager raus, dann können wir dafür acht Arbeiter behalten. Und der Manager konnte auch mehr sparen (für sich, meine ich).

Zum Glück aber dürfen Manager selbst entscheiden. Schließlich ist das ja ein typisches Merkmal eines Managers. Und dann schmeißen sie halt schweren Herzens die acht armen Teufel raus. Obwohl die ihr Geschäft wahrscheinlich richtig gemacht haben. Das kann man nicht von allen Managern sagen. Und spätestens jetzt wissen Sie, dass der angeborene Optimismus der Manager seine Berechtigung hat.

Die Rolle des Managements

Wahre Macht ist, voll verantwortlich zu sein sich selbst gegenüber.

In der frühen industriellen Gesellschaft war es die Norm, dass der Gründer und Kapitalgeber einer Firma diese selbst leitete. Heute ist das die Ausnahme, nur noch bei kleinen Unternehmen anzutreffen, und wird von vielen als rückständig betrachtet. Dies hatte jedoch den großen Vorteil, dass der Eigentümer des investierten Kapitals persönlich die Gesamtverantwortung für den Betrieb trug. Er war sozusagen die oberste Instanz für den Geist, der in dem Unternehmen herrschte. In Aktiengesellschaften und in Familienunternehmen in dritter oder späterer Generation verästelt sich der Besitz des Kapitals zu sehr, als dass man dies noch praktizieren könnte. Außerdem führen Streitigkeiten zwischen den Kapitaleignern, Desinteresse und mangelnde Qualifikation häufig zu einer Lähmung der Geschäftsführung. Also übertragen die Kapitaleigner die Leitung des Unternehmens einer Berufsgruppe, die Manager genannt wird.

Eine praktische Lösung mit Schönheitsfehlern. Eigentum verpflichtet. Das Eigentum behält der Unternehmer, die Verpflichtung überträgt er an den Manager. Ich spreche von der Verpflichtung, die mit dem Kapital finanzierte Unternehmung so zu leiten, dass nicht nur das Kapital langfristig gesichert wird und einen angemessenen Profit abwirft, sondern auch die damit verbundene Gesamtverantwortung wahrzunehmen für die Menschen, die in diesem Unternehmen arbeiten. Das hat nichts mit sozialpolitischen Thesen zu tun, das ist einfach eine Notwendigkeit, wenn die Unternehmenskultur gesund sein soll. Erfolgreiche Unternehmer haben immer wieder zum Ausdruck gebracht, dass die Menschen in ihren Betrieben ihr größtes Kapital sind. Zugegeben, in Gesellschafter-Versammlungen und Aufsichtsräten versuchen die Kapitalgeber, das Management zu kontrollieren. Diese Kontrolle ist häufig jedoch sehr oberflächlich, und es dauert meistens sehr lange, oft zu lange, bis Missstände aufgedeckt und ausgeräumt werden.

Ja, aber wenn das Unternehmen an der Börse notiert ist, dann haben wir doch eine regelmäßige, automatische Kontrolle durch die Pflicht, die Unternehmensergebnisse vierteljährlich zu veröffentlichen. Aber erstens wird vermutlich auch da geschwindelt, und zweitens dient dieser Bericht ja nur den Anlegern und den Analysten zu entscheiden, welchen Wert das Papier haben soll. Hier stehen wir vor dem nächsten Problem: Eine Handvoll Anleger, denen es nur um den Ertrag ihrer Aktien geht, entscheidet über den Börsenwert eines Unternehmens. Diese Bewertung hat jedoch überhaupt nichts zu tun mit der Leistung der Mitarbeiter des Unternehmens, verursacht jedoch im Falle einer schlechten Bewertung massiven Druck auf diese. Die Folge ist, dass viele Entscheidungen nur noch mit einem Seitenblick auf die Entwicklung an der Börse getroffen werden und nicht mehr mit Blick auf die zu lösenden Fragen im Unternehmen.

Viele Manager herrschen in ihrem Verantwortungsbereich wie die Duodezfürsten der vergangenen Jahrhunderte. Nur ihr persönlicher Erfolg und ihr Wohlergehen zählt. Und wehe, es stellt sich dem einer in den Weg, es unterbreitet jemand in bester Absicht Pläne, die den persönlichen Zielen seines Vorgesetzten nicht dienen, der kann gleich einpacken. Normalerweise könnte und sollte es ja so sein, dass das Wohl des Unternehmens und das Wohl des Managers konform gehen. Ein Topmanager aus der Werbebranche in den USA sagte mir einmal, er sehe ein Organigramm immer als einen Baum. Die Unternehmensleitung bildet die Wurzeln, das Mittelmanagement den Stamm und die übrigen Mitarbeiter die Äste. Die Manager tragen das Unternehmen, dienen den Mitarbeitern als Stütze und versorgen sie mit Lebenssäften, das heißt mit Information, Motivation und Anerkennung. Dabei haben sie die Aufgabe, Ziele zu definieren, die Mittel zu deren Erreichung bereitzustellen, die von den Mitarbeitern erbrachten Leistungen zu koordinieren und zum Gesamtergebnis zusammenzuführen.

Die Wirklichkeit sieht oft ganz anders aus. Die Devise heißt: durch Lug und Trug zum persönlichen Erfolg. Es wird Information zurückgehalten, Mitarbeiter werden manipuliert, gegeneinander ausgespielt oder unter Druck gesetzt, Ergebnisse werden geschönt, Berichte und Statistiken frisiert und Entscheidungen wider besseres Wissen gefällt. Das Schlagwort »Management by objectives« erhält eine ganz neue Deutung, wenn man unter objectives nicht die Unternehmensziele, sondern die persönlichen Ziele eines Managers versteht. Wer ihm zum Munde redet, wer stets bemüht ist, Unterlagen jeglicher Art in seinem Sinne zu »gestalten«, wer ihm als Zuträger von Klatsch und Tratsch dient, der ist diesem Manager hoch willkommen.

Sachliche Alternativen werden meist im Keim erstickt, da sie sofort als Angriff auf den Chef gewertet werden. Und die Kollegen sitzen in solchen Momenten betreten um den Tisch und schweigen, aus welchen Gründen auch immer. So ganz nebenbei sei noch angemerkt, dass sehr oft umwelterhaltende Lösungen den ichbezogenen Entscheidungen dieser Manager zum Opfer fallen. Umwelterhaltende oder wenigstens umweltschonende Maßnahmen verlangen in aller Regel ein Umdenken, sind meistens am Anfang etwas teurer und immer schwierig durchzusetzen. Und wer braucht schon so etwas auf seinem Höhenflug?

Für die Unternehmenskultur hat dies alles katastrophale Folgen. Der kraft Amtes existierende Vorbildcharakter der Managerfunktion ist wertneutral und kann sich im Positiven und im Negativen auswirken. Ich erinnere an das Kapitel über Schweinchen. Solche Leute orientieren sich nur zu gern an negativen Vorbildern und fühlen sich in ihrem destruktiven Treiben noch ermuntert. Jeder ist zunächst einmal selbst für sein Tun und Lassen verantwortlich. Die übergeordnete Verantwortung liegt jedoch beim Vorgesetzten. Wenn der nicht nur selbst ein negatives Beispiel gibt, sondern auch seine Mitarbeiter sogar darin bestärkt und dazu ermuntert, dann sind der Korruption und der Unmenschlichkeit im Betrieb wirklich Tür und Tor geöffnet.

Und dann ziehen die Bürokraten ein. Über kurz oder lang führen solche Zustände, wie wir gesehen haben, zu einer Verschlechterung der Ergebnisse. Dann werden die Aufsichtsgremien wach, und die Finanzdirektion übernimmt mit Hilfe des Controllings sehr schnell die Führung. Das ist immer ein Alarmsignal und geht selten gut. Ich habe Situationen erlebt, wo ich als Verantwortlicher für ein Vertriebsressort trotz ordentlich verabschiedeter Budgets und Aktionsplänen für jede einzelne Aufwendung noch einmal die ausdrückliche Zustimmung der Finanzdirektion einholen musste. Durch die Weigerung des zuständigen Vorstands, seine Verantwortung selbst zu tragen, und durch den Machthunger, das »Endlich-mal-auch-eingreifen-dürfen« des Controllers wird ein Betrieb völlig lahmgelegt, und die Talfahrt kann erst recht beginnen.

Eine Notbremsung ist immer schmerzhaft

Aufrichtigkeit wird zur Notwendigkeit.

Nun nimmt die Entwicklung einen rasanten Verlauf. An dieser Stelle schlägt die Stunde der Unternehmensberater. Würde man nun selbst vor seine Leute hintreten und Missstände und Fehlentwicklungen untersuchen lassen, würde sehr schnell die eigene Verantwortung zutage treten. Also holt man Außenstehende zu Hilfe, die als vermeintlich neutrale Instanz Untersuchungen anstellen und Empfehlungen aussprechen können. In der ersten Stufe einer solchen Untersuchung werden zunächst einmal Fakten erhoben, Abläufe beschrieben, Zeitstudien durchgeführt, Kosten verglichen usw. Wer einmal in einer solchen Situation zum Leiter einer Untersuchungseinheit ausgeguckt wurde, weiß, was das bedeutet.

Die externen Berater wollen nur ihre im Vorfeld definierten Lösungsansätze verwirklichen. Es ist unvorstellbar, mit welchem Zynismus menschliche Probleme und betriebliche Notwendigkeiten einer vorgegebenen Lösung untergeordnet werden. Leider wird dabei auch – und ich unterstelle, dass dies meistens in voller Absicht geschieht – große Verunsicherung unter den Mitarbeitern verbreitet. Niemand klärt die Mitarbeiter über den sachlichen Hintergrund dieser Aktivitäten auf, aber es gibt ständig Hinweise auf mögliche Veränderungen. Die Gerüchteküche kocht über mit Berichten über die Schließung von Abteilungen, Abschaffung von Positionen und darüber, wer wen schluckt. Dies bringt den letzten Rest von Leistungsbereitschaft und gutem Willen seitens der Mitarbeiter vollends zum Erliegen. Die einen resignieren, die anderen widmen sich verstärkt ihren Intrigen nach dem Motto: Rette sich wer kann.

Dann kommt die Phase der Ausarbeitung von Empfehlungen für Maßnahmen, während der man den Mitarbeitern wiederum möglichst wenig Information gibt. Das heizt die Gerüchte weiter an und spornt die Ritter vom goldenen Lenker zu neuen Höchstleistungen an. Schließlich liegen die Vorschläge auf dem Tisch und es folgen Umstrukturierungen und Entlassungen. Diese Maßnahmen mögen von der Sache her manchmal ihre Berechtigung haben. Wie sie jedoch umgesetzt werden und wie das Management dabei zu Werke geht, ist in aller Regel schlichtweg unmenschlich und entspricht in keiner Weise der Aufgabe, Verantwortung für die Menschen im Betrieb zu übernehmen. Die Beratungsfirma geht ihrer Wege, und die verbleibenden Mitarbeiter des Unternehmens können nun sehen, wie sie mit dem Scherbenhaufen zurechtkommen.

Für den klugen Manager ist jetzt der richtige Zeitpunkt gekommen, sich nach einer neuen Aufgabe umzuschauen. Denn jetzt, wenige Monate nach der Schlankheitskur, ist der Betrieb scheinbar gesund, jedenfalls können sich seine Ergebnisse wieder sehen lassen. Dass der Geist des Unternehmens in Wahrheit unverändert krank ist, braucht ihn ja nicht zu interessieren. Wahrscheinlich erkennt er das gar nicht. Aber jetzt kann er sich den Heiligenschein des Retters aufsetzen, und er weiß aus Erfahrung ganz genau, dass ein Jahr später alles wieder beim Alten sein wird, nur dass die Neueinstellungen erheblich teurer sein werden, als es die alten Mitarbeiter waren, von denen man sich unter so unwürdigen Umständen getrennt hat. Bei einer neuen Firma kann er erneut als Experte auftreten und hat für einige Zeit wieder freie Hand.

Gelegentlich geht die Planung der persönlichen Wohlfahrt eines Managers auch in die Hose, nämlich dann, wenn die Gesellschafter beschließen, ihn vorzeitig loszuwerden. Das ist dann auch kein großes Unglück. Um kein öffentliches Aufsehen zu erregen, trennt man sich in angeblich beiderseitigem Einvernehmen mit einer großzügigen Abfindung. Das Erstaunlichste dabei ist, dass auch Leute, die sich nachdrücklich und für alle sichtbar in ihrer letzten Position disqualifiziert haben, nach kurzer Zeit wieder eine neue Anstellung finden. Glauben Sie, dass solche Leute wirklich ein Mandat haben sollten, andere Menschen in einem Unternehmen zu führen? Ich denke, die Kapitalgeber eines Unternehmens müssen bei der Auswahl ihres Führungspersonals sehr viel mehr Sorgfalt und Hellsichtigkeit walten lassen.

Ich möchte an dieser Stelle ausdrücklich sagen, dass ich auch Manager getroffen habe, die gute Vorbilder waren und ausgezeichnete Arbeit verrichtet haben. Leider zu wenige!

Marketing

Unser Marketingleiter wäre bestimmt nie vom unvergessenen Herrn Lembke zum »*Heiteren Beruferaten*« eingeladen worden. Erstens ist der selten heiter, und zweitens laufen von der Sorte eine ganze Menge in der Landschaft herum. Aber wenn er doch einmal eingeladen werden würde, können Sie sich die typische Handbewegung vorstellen, die man da am Anfang immer machen muss? Ich sage es Ihnen: Er würde seine Hand über die Augen halten, so als ob er in die Ferne schaut. Der hält nämlich Ausschau nach Kunden.

Ein guter Marketingmanager zeichnet sich auch dadurch aus, dass er in jedem Satz, den er von sich gibt, mindestens sieben neudeutsche Wörter verwendet. Es dürfen auch mehr sein. Überlegen Sie einmal, was verwenden eigentlich heißt. Herumdrehen heißt das. Das Neudeutsch eignet sich erstklassig dazu, anderen Leuten das Wort im Mund herumzudrehen. Und das ist eines der wichtigsten Dinge, die so einer können muss. Das befähigt ihn nämlich dazu, am Schluss immer Recht zu behalten. Wenn man dauernd mit so schönen Wörtern um sich schmeißt, die die anderen nicht verstehen, und man am Schluss auch noch recht hat, da fühlt man sich schon arg gut. Und das ist ganz wichtig für einen Manager.

Wir hatten einmal einen Marketingmanager – er ist schon eine Weile nicht mehr bei uns –, der wusste ganz viele neudeutsche Wörter. Wissen Sie, nicht nur so einfache wie »feeling« (das heißt, er weiß nichts) oder »communication« (das heißt, es hört ihm keiner zu) oder »strategy« (das heißt, er weiß nicht, wie er etwas anfangen soll).

Nein, auch ganz tolle, komplizierte neudeutsche Wörter wusste der. Zum Beispiel »target group« (damit meinte er alle Leute, die unser Produkt kaufen sollten, aber nicht wollten) oder »point of sale« (das heißt auf deutsch Laden) oder »traffic builder« (da wußte er selbst nicht, was es heißt).

Aber der hat nicht nur mit Fleiß und Ausdauer diese schönen Wörter gelernt, der war auch mit einer Himmelsgabe ausgestattet, wie sie nur wenigen Menschen in den Schoß fällt. Er hatte ein ungebrochenes Verhältnis zur Macht. Mit anderen Worten: Er log und intrigierte, wann immer er den Mund aufmachte. Sehen Sie, nur solche begabten Menschen sind zum Höchsten geboren.

Gelegentlich hatte er ein Problem. Manchmal wusste er nicht mehr, was er am Tag zuvor zusammengelogen hatte. Aber das tat seiner Herrlichkeit keinen Abbruch. Mit Hilfe seiner ausgezeichneten Kenntnisse in Neudeutsch hat er sich immer wieder herausgeredet, wenn er sich vorher ein wenig verhaspelt hatte. Aber der neue Vorstand hat es doch schnell gemerkt. Dann hat auch Neudeutsch nichts mehr geholfen.

Jetzt haben wir einen neuen Marketingmanager. Bei dem merkt man es immer gleich, wenn er sich verhaspelt hat. Der kann nämlich nicht so gut neudeutsch wie der andere. Aber nach Kunden Ausschau halten tut er auch. Doch er macht das mit einem frommen Ansatz. Glauben tut man ja sonst mehr in der Kirche. Aber sein Lieblingsanfang für einen Satz ist »Ich glaube ...«. (Er ist kein Schwabe.) Da wird mir's immer ganz feierlich ums Herz. Und mir wird so richtig bewusst, dass das Marketing eigentlich fast so etwas wie eine Religion ist. Die herrliche Dreifaltigkeit sitzt in ihrem schönen Büro mit Plüschsesseln und gepolsterten Türen und kümmert sich einen Dreck um ihre Schäfchen, der Papst ist zu alt, um etwas zu begreifen, die Bischöfe machen gerade, was sie wollen, und die Priester lügen die Leute an. Und wenn der Marketingmanager dann wieder einmal so einen richtigen Mist verzapft hat, dann möcht ich immer aus vollem Herzen Amen sagen.

Träume

Jeder Traum, jedes innere Bild ist ein Geschenk.

Erster Traum:

Der Verlust von Freunden

Ich habe Piet und seine Mitarbeiter zum Flughafen gebracht. Der KLM-Airbus startet, kommt nicht hoch, bricht den Startvorgang ab. Er versucht sofort einen neuen Start, kann diesmal abheben, aber nicht hoch genug. Er bleibt an Bäumen hängen, dann eine große Staubwolke. Der Staub verzieht sich, ich sehe das Wrack und dass beide Tragflächen fehlen. Ich bin ganz ruhig.

Bisher war mein Standort auf der Erde und ich blickte dem Flugzeug hinterher. Doch die ganze Szene hat sich nun gedreht. Ich sehe das Ereignis jetzt von vorne schräg oben. Das Flugzeug versucht, auf der nahe gelegenen Autobahn mit eingefahrenem Fahrwerk zu landen, rutscht in die Schrebergärten nebenan, alles Mögliche wird durch die Gegend geschleudert. Die Sonne scheint, das Flugzeug fällt kopfüber in ein Tal, überschlägt sich in der Längsachse, rutscht mit der Unterseite zuoberst weiter, zerbricht teilweise und kommt zum Stillstand.

Ich bin immer noch ganz ruhig. Während ich versuche, mich zu erinnern, ob mein Freund Piet nun darin sitzt oder nicht, wache ich auf.

Deutung: Der Traum zeigt, wie ich mich innerlich von Menschen, mit denen ich ein enges, freundschaftliches Verhältnis pflegte, entfremde.

Zweiter Traum:

Distanz zu meinem Arbeitsplatz

Wir machen mit der Abteilung eine Art Betriebsausflug. Auch meine Frau ist mit dabei. Wir befinden uns in einer Seminarsituation, in der mein Chef der Leithammel ist. Es gibt eine Übung. Wir sollen an einem Buchrücken aus Leder hoch klettern; es ist unheimlich schwer. Nach der Übung müssen wir die Bücher wieder abgeben, womit wir gar nicht gerechnet hatten. Da sagt meine Frau zum Chef, dass sie ihres behalten möchte. Der nickt mit der Bemerkung, dass sie es nicht weitersagen solle.

Dann gehen wir weiter. Meine Frau und ich gehen ein Stück voraus. Ich höre, wie ein Kollege hinter mir sagt, in der Gruppe gäbe es die Meinung, ich müsste das nächste Mal auch bei der Vorbereitung helfen. Daraufhin erkläre ich meinem Chef, das sei typisch für diesen Verein. Ich sei zweimal mit einem Mitarbeiter vorher da gewesen zur Vorbereitung. Grundstimmung: etwas traurig, enttäuscht.

Deutung: Zum einen zeigt mir der Traum die unlösbare Aufgabe, vor welcher ich in der Firma stehe, zum anderen zeigt er den gegenseitigen Vertrauensverlust, der gerade stattfindet.

Heckenschützen

Das Äußere hat keine Bedeutung, nur die innere Erfahrung zählt.

Meine Mitarbeit neigte sich dem Ende zu. In der Schlussphase meiner Tätigkeit im Unternehmen stieß ich zunehmend auf Widerstände, Ungereimtheiten und Ablehnung. Also versuchte ich unter dem zunehmenden Druck, einigen Dingen auf den Grund zu gehen. Dabei stellte ich Erstaunliches fest. Kollegen, denen ich sehr geholfen hatte, zum Beispiel als es bei ihrer Einarbeitung Probleme gab, fielen mir in den Rücken. Mitarbeiterinnen, die ich nach bestem Vermögen gefördert hatte, verbreiteten üble Nachrede über mich. Menschen, denen ich immer freundlich begegnet war, begegneten mir feindlich. Andere dagegen, die ich bis dahin weniger beachtet hatte, erwiesen sich plötzlich als Freunde.

Wovon hängt die Akzeptanz im Betrieb ab? Heute weiß ich, dass die Frage persönlicher Zu- oder Abneigung im Betrieb von ganz anderen Kriterien abhängt als zum Beispiel guten Arbeitsergebnissen, korrektem Umgang mit den Mitarbeitern, Identifikation mit Unternehmenszielen, Arbeitspensum – eben all den sachlichen Bezügen, von denen man im Allgemeinen glaubt, dass die das Klima im Betrieb bestimmen würden.

Ich bat um einen Termin bei meinem Vorstand. Ich beschloss, die Verleumdungen bei meinem Vorstand richtig zu stellen. Aber der weigerte sich, mir zuzuhören. Alles, was er wollte, war, mich fertig zu machen. Und die Lügen, die andere über mich auftischten, waren so praktisch und passten so schön in sein Konzept, dass er fest entschlossen war, sie zu glauben.

Die Seherin

Es gibt in Wahrheit keine Widersprüche, nur Mangel an Erleuchtung.

Ich besuche eine Seherin. Sie sagt mir Folgendes:

Setze deine Ziele für die nächsten drei Jahre. Halte die Kontrolle, werde aber trotzdem freier. Achte auf physischen und psychischen Stress.

Du hast kein Vertrauen in deine Gefühle. Räume mit altem Schmerz auf.

Berufliche und private Neuorientierung. Aus Hobby oder Idee wird etwas Kreatives. Eine Entscheidung muss getroffen werden. Eine wichtige Reise. Wohnsitzänderung.

Die Firma wird auf längere Sicht gewechselt. Aber nicht zu schnell. Den richtigen Platz gibt es noch nicht. Selbstständige Beschäftigung in einem kaufmännischen Bereich, viel Geld, mit etwas Schönem. Verbindungsmann. Spaltung zwischen fest angestellter und privater Arbeit.

Zeit ist wichtig, um produktiv zu sein. Es muss auch noch ein psychisches Loslassen stattfinden (Ereignisse aus der Kindheit und so weiter). Du hast Schwierigkeiten zu genießen, das zu sein, was du bist.

Der schlechte Kontakt zu den Eltern ist gut, ruhig ein bisschen auflaufen lassen. Du bist nicht für alles verantwortlich, was ist. Nicht von gesundheitlichen Dingen erpressen lassen.

Beobachte deinen Sohn, aber greife nur im Notfall ein. Halte eine unsichtbare Verbindung. Lass ihn wissen, dass du für ihn da bist.

Löse dich von der Destruktivität und Macht deines Vorgesetzten, lasse ihn auflaufen. Du hast durch ihn eine starke geistige Verletzung erfahren. Er kann dir nichts anhaben. Es ist eine karmische Verbindung da, aber lass dich nicht mit ihm ein.

Versuche nicht, deinen verstorbenen Sohn zu visualisieren. Du musst ihn loslassen, den Schmerz freigeben, die Liebe wieder hereinlassen.

Dieses Jahr wirst du ein freier Mensch sein. Deine Gesundheit wird mit der beruflichen Situation besser. Altlasten sind erledigt, aber noch nicht »heraus geschmissen«. Achte auf Kreislauf, Magen, Darm. Dein Herz hat »Muskelkater«.

Die Beziehung mit deiner Frau besteht aus Problemen. Gefühle freier leben, lieber mal verletzen, als nichts hinzuzulernen. Es ist eine kosmische Verbindung zwischen euch, eine neue Art der Partnerschaft. Diese Partnerschaft leben, Urvertrauen leben.

Du hast eine sehr wache Seele, trotzdem erlaubst du dir keinen Kontakt zu deinem Herzen. Du verdaust nicht das, was der Kopf aufnimmt, hast ein großes »Nein« im Bauch.

Öfters mal den geistigen Müll ausräumen. Geistig in die Offensive gehen, beruflich zurückhalten.

Ein Brief

Lieber Johannes,

ich kann sehr gut verstehen, dass Dir das Prinzip der Reinkarnation Schwierigkeiten bereitet. In unserem westlichen Weltbild, in dem alles linear und verstandesmäßig geordnet zugehen muss, ist kein Platz für Ideen, die noch nicht einmal beweisbar sind. Sind sie es wirklich nicht?

Ist es Dir schon einmal passiert, dass der Duft eines Gewürzes Dich in eine ganz besondere Stimmung versetzte? Ein Gewürzladen in der Altstadt von Jeddah hat mich buchstäblich in ein anderes Jahrhundert versetzt. Kennst Du Orte, an denen Du beschwingter lebst, mehr Energie hast als sonst? Oder Du hast das Gefühl, Du warst schon einmal hier, obwohl Du genau weißt, dass Du das erste Mal in Deinem (diesem) Leben hier bist? Während des Landeanflugs in Kanton lag die Landschaft des Pearl River Deltas vor mir ausgebreitet, und ich wusste tief innen: Hier bist du zu Hause. Es war wie heimkommen. Wenn Du an solch einem Ort bist, nimm Dir Zeit und genieße die Stimmung, hänge der Ausstrahlung des Platzes nach. Und wenn Du offen bist für die Sprache Deiner Seele, dann wirst Du Bilder erhalten aus anderen Zeiten.

Warum sprechen kleine Kinder häufig im Schlaf in einer Sprache, die niemand versteht? Warum gibt es Menschen, die im zarten Alter von fünf Jahren göttlich Geige oder Klavier spielen? Warum haben Menschen die verrücktesten Vorlieben und Hobbys? Warum tun Menschen unverständliche Dinge? Warum heiraten zwei, obwohl alle ihre Freunde meinen, sie passen nicht zusammen? Warum hast Du eine abgrundtiefe Abneigung gegen das Lernen? Warum haben Menschen Angst vor großer Höhe, tiefem Wasser, Feuer, Menschenmassen oder was weiß ich? Manches findet sicher eine Erklärung im jetzigen Leben, aber vieles wird nur verständlich, wenn man eine Ursache in einer anderen Inkarnation findet.

Dabei ist eine Inkarnation, eine Lebensspanne, keine isolierte Sache. Sie wird von den anderen Inkarnationen der Seele beeinflusst, und sie beeinflusst ihrerseits die anderen Inkarnationen. Aus dem Wissen, dass ich in einem anderen Leben ein Priester war, der Verantwortung für viele Menschen trug, schöpfte ich in einer sehr schwierigen Phase dieses Lebens die Kraft, meine Arbeit als Leiter einer Abteilung weiterzuführen. Ein sehr negatives Verhaltensmuster machte mir bis vor Kurzem große Probleme. Ich konnte dieses Muster auflösen, nachdem ich es in einer anderen Inkarnation erkannte und verstehen lernte. Schau Dir Deine Begabungen, Vorlieben und Abneigungen in der Stille an, nicht so sehr mit dem Verstand, sondern mehr intuitiv. Vielleicht kann Dir Deine Seele Bilder von anderen Inkarnationen geben.

Wenn Du die Vorstellung der Reinkarnation annehmen kannst, hat das aber noch viel weiterreichende Konsequenzen. Bei uns leben die meisten Menschen nach dem Motto: Nach mir die Sintflut, wenn ich tot bin, ist sowieso alles aus. Diese Einstellung führt zu einer unglaublichen Verantwortungslosigkeit gegenüber sich selbst, gegenüber anderen Menschen, vor allem aber auch gegenüber der Natur, der Erde. Wenn ich nun aber weiß, dass der

Raubbau, den ich an mir oder der Erde begehe, in einer anderen Inkarnation in irgendeiner Form wieder auf mich zurückfällt, dann wird die Bereitschaft zu verantwortlichem Handeln viel größer. Und wenn ich weiß, dass meine Haltung gegenüber einem anderen Menschen mir in einem anderen Leben wieder begegnet, dann entwickle ich ein höheres Bewusstsein für den Einfluss, den meine Handlungen auf andere haben. Das hat nichts mit Schicksalsangst zu tun, es ist das Wissen darum, dass alles, was ich fühle und tue, Wirkung auf alles hat. Reinkarnation macht mich verantwortlich für die ganze Welt, und die ganze Welt für mich. Ich finde, das ist ein sehr schöner Gedanke.

Genug für heute.
Ich liebe Dich,
Dein Victor

Wir wirken immer

In jeder Zelle deines Körpers lebt deine ganze Evolution.

Nach dem Sinn menschlichen Tuns in einem Industriebetrieb gefragt, fällt Ihnen bestimmt auch eine Definition ein, die dem Studiosus der Betriebswirtschaft gleich zu Beginn seiner ruhmreichen Laufbahn präsentiert wird. Sie wird etwa so lauten: Der Mitarbeiter erbringt eine definierte Leistung, die einen Beitrag zur Erreichung der Unternehmensziele darstellt und die ergebnis- oder zeitbezogen gemessen wird. Dafür erhält er eine Entlohnung in Geld oder Naturalien und soziale Leistungen des Betriebs. So weit, so gut. Das definiert den äußeren Rahmen. Aber wie wir gesehen haben, sind Leistung und Können nicht in jedem Fall gefragt und Anerkennung dafür sehr rar. Es wird zwar in der Betriebszeitung, in der Abteilungsbesprechung oder in Seminaren sehr viel über Anerkennung und Motivation geredet, ich halte das aber eher für ein Alarmzeichen. Viel größere Nachfrage besteht doch in Wirklichkeit nach Wohlverhalten, Anpassung, bedingungsloser Unterordnung und Liebedienerei. Es bilden sich Interessengruppen, sogenannte Seilschaften, persönliche Vorlieben und Abneigungen werden ohne Rücksicht auf sachliche Ziele ausgelebt, Intrigen und Verleumdung sind an der Tagesordnung, Rücksichtslosigkeit, Skrupellosigkeit und Unwahrheit nehmen überhand. Bei diesem ganzen ichbezogenen Treiben vergisst man, dass der Kunde das Unternehmen finanziert, der Betrieb wird zum Tummelplatz menschlicher Eitelkeiten.

Warum tue ich das? Welchen Sinn macht es, dass ich ein Berufsleben lang in einer solchen Umgebung arbeite? Die Vorstellung geboren zu werden, in der Schule alles Mögliche beigebracht zu bekommen, aber häufig nicht das, was ich wirklich brauche, in ein Berufsleben einzutreten, in dem ich mich mit den Widrigkeiten herumschlage, die ich in den vorhergehenden Kapiteln beschrieben habe, und schließlich mit wachsender Angst auf ein ungewisses Alter und einen gewissen Tod zuzugehen, müsste mich doch eigentlich in abgrundtiefe Depressionen stürzen. Wenn das alles gewesen sein soll, was das Leben zu bieten hat, wieso unterziehe ich mich überhaupt dieser ganzen Plackerei?

Da sind schon wieder die materiellen Antworten: Ich habe diesen Beruf gelernt, ich muss meinen Lebensunterhalt verdienen, für meine Familie sorgen. Das erklärt aber nicht diese Sinnlosigkeit, die ich oft bei der Ausführung meiner Arbeit empfinde. Normalerweise ist es nicht die Arbeit selbst, die sinnlos scheint, obwohl besonders im nicht-produktiven Bereich häufig auch eine ganze Menge unnützer Dinge getan wird. Denken Sie nur an die zahllosen Fotokopien, die Ihnen schon auf den Schreibtisch geflattert sind und die nur dazu dienen, den Papierkorb zu füllen. Auch das ist Umweltverschmutzung. Was aber in Wahrheit das Gefühl der Sinnlosigkeit erzeugt, sind die Bedingungen, unter denen ich arbeite. Zum Beispiel die würdelose Art und Weise, mit der mir Leistungen abverlangt werden, die lediglich dazu dienen, einem Vorgesetzten das Leben leichter zu machen. Oder die menschenverachtende Art, mit der meine Beiträge vom Tisch gewischt werden. Oder der Arbeitsdruck, der sich fast ausschließlich an quantitativen Zielen orientiert und nur noch wenig mit den wirklichen Zielen im Unternehmen zu tun hat. Oder die Gewissheit, dass der Vorgesetzte nicht mehr hinter einem steht. Oder die Angst, wie das weitergehen soll.

Wir verdanken dem 18. Jahrhundert die Aufklärung, das Aufblühen der Naturwissenschaften und den Beginn der industriellen Zeit. Der Abkehr von religiösem Fanatismus und von kirchlicher Zensur folgt aber nicht nur die Zuwendung zu einem freien geistigen Leben, sondern erstaunlicherweise eben auch die zunehmende Abwendung vom Geistigen. Es gibt seither immer mehr Menschen, in deren Vorstellung die geistige Welt überhaupt nicht mehr vorkommt. Die Beschäftigung mit Geistigem wurde in die Kirchen und Rektorenstuben verbannt. Dafür hat man ja Pfarrer und Gelehrte. Im Alltag, besonders im geschäftlichen Bereich, konzentrierte man sich mehr und mehr auf Materielles. Zweckmäßig, praktisch, gut. Das Gemüt und die Seele bleiben zu Hause und müssen bis zum Feierabend warten. Ich erinnere mich an einen Kollegen während meiner Lehrzeit, der kam Montag früh in die Werkstatt mit dem Spruch auf den Lippen: »Lieber Gott, lass es Freitag Abend werden, am liebsten noch heut' Vormittag.« Mit dieser inneren Haltung geht die heute von den meisten Menschen praktizierte strikte Trennung von Arbeitswelt und Privatleben einher. Und da bei uns nur der wirtschaftliche Erfolg zählt, anerkennen wir eben nur noch die materielle Seite.

Es gehört ja schon Courage dazu, im Geschäftsleben öffentlich zuzugeben, dass man ein seelisches Problem hat oder dass man von der Existenz geistiger Kräfte überzeugt ist. In irgendeinem Seminar sind Sie bestimmt schon mit der Bedürfnispyramide nach Maslow konfrontiert worden. Sie ist der Versuch, die menschlichen Bedürfnisse nach Art und Bedeutung zu ordnen. Dabei fällt uns auf, dass die motivationswirksamen Faktoren wie zum Beispiel Anerkennung, Zugehörigkeit zu bestimmten Gruppen oder Selbstachtung und Selbstverwirklichung alle im emotionalen, im seelischen Bereich liegen. Mit der nur am materiellen Erfolg und am messbaren Arbeitsergebnis orientierten Geisteshaltung eines westlich geprägten Menschen finde ich also keine befriedigende Antwort auf die Frage nach dem Sinn dieses Lebensablaufs. Aber wir könnten doch einmal woanders auf die Suche gehen. Darf ich Sie einladen, nur um der Diskussion, um des Kontrasts willen, dieses Gedankenspiel mit mir zu spielen?

Renate kommt

Alles ist möglich.

Ganz wach bin ich wirklich nicht. Wir stehen verschlafen auf dem Bahnsteig herum. Es ist früh morgens, es nieselt, meine Freundin hat sich bei mir eingehakt und döst vor sich hin. Ein paar andere aus der morgendlichen Vorortzug-Clique stehen um uns herum. Jeder hängt so seinen Gedanken nach. Plötzlich sage ich ganz ruhig: »Renate kommt.« Einfach so. Fünf Minuten später, gerade als der Zug in den Bahnhof einfährt, steht Renate hinter uns. Als ich ihr Erscheinen ankündigte, muss sie über den Bahnübergang gegangen sein, der fünf Gehminuten entfernt in Sichtweite vom Bahnsteig liegt, aber doch weit genug weg, dass man mit bloßem Auge niemanden erkennen kann.

Die anderen sagen, ich spinne. Das sei reiner Zufall. Mich beschäftigt dieser Vorgang noch einige Zeit, ich rede von Gedankenübertragung oder so etwas Ähnlichem. Ich glaube immer noch nicht, dass es ein Zufall war. Renate und ich haben uns in dem Augenblick, als auf eine Distanz von einem halben Kilometer keine materielle Sichtbehinderung zwischen uns war, für den Bruchteil einer Sekunde auf einer anderen Bewusstseinsebene getroffen.

Das große Lebensspiel

Spürst du deine eigene Schwingung, dann verändert sich alles.

Gehen wir doch einfach mal davon aus, die menschliche Existenz würde sich nicht auf eine Lebensspanne beschränken, sondern Menschen würden immer wieder durch die Geburt aus der geistigen Welt in die materielle Welt kommen und durch den Tod wieder dahin zurückkehren. Man nennt das Reinkarnation. Diese Vorstellung ist in vielen nicht-christlichen Religionen, aber auch in frühchristlichen Gemeinden anzutreffen. Noch im vierten Jahrhundert beschäftigt sich der große Kirchenvater Augustinus mit der Frage, ob Verunstaltete und Verstümmelte, Magere und Dicke in der gleichen Gestalt wieder geboren würden, und wie die Menschen wieder zu einer Gestalt kämen, die in einer Hungersnot von anderen verzehrt worden seien. Auch wenn uns diese Bemerkung am Anfang des einundzwanzigsten Jahrhunderts etwas grausam anmutet, so zeigt sie doch zweifelsfrei, dass die Kirchengelehrten im vierten Jahrhundert die Reinkarnation als eine selbstverständliche Tatsache annahmen. Ist es nicht faszinierend sich vorzustellen, ein menschliches Wesen habe die Chance, immer wieder auf die Erde zurückzukehren, solange, bis es seine Hausaufgaben hier gemacht hat? Worin könnte die Hausaufgabe bestehen? Zum Beispiel in spirituellem Wachsen, in der Vorbereitung auf den Übergang in eine höhere Energieebene, in eine geistige Realität. Legen Sie das Buch jetzt nicht weg, das wird noch viel spannender.

Was hat die Reinkarnationslehre mit den Vorgängen in einem modernen Industriebetrieb zu tun? Ein wichtiger

Aspekt dieser Lehre ist das Gesetz von Ursache und Wirkung, die Vorstellung, dass die Gedanken und Taten eines jeden Menschen sich auf alle anderen Menschen, die Erde und den ganzen Kosmos auswirken, aber auch in jedem Fall auf den, der sie gedacht oder getan hat. Menschliche Erfahrungen und Entscheidungen bilden ein Muster, ein System, das sich an der Polarität orientiert. Es verlangt nach Auflösung der dualen Spannungsfelder. Diese Vorstellung hat sehr schwerwiegende Folgen: Wenn dies zutrifft, trage ich für alles, was ich denke und tue, die volle Verantwortung. Sie hat auch etwas sehr Tröstliches: Ich kann allein durch mein Denken und Handeln mein Leben und alles um mich herum – und alle folgenden Leben – positiv beeinflussen. Wir wirken immer.

Stelle ich mir nun meinen Betrieb als eine Art Mikrokosmos vor, dann kann ich auch unter widrigen Umständen und ohne äußere Anerkennung allein durch Gedanken und Handlungen einen guten Beitrag leisten. Das soll nicht heißen, dass ich nun mit einem Heiligenschein durch die Korridore wandle und fromme Sprüche ablasse. Das heißt, dass ich mir auch unter schlimmen Umständen eine positive Grundhaltung bewahre und schädlichen Einflüssen konstruktive Gedanken entgegensetze. Ich habe es versucht. Es fällt sehr schwer, einen positiven Gedanken zu fassen, wenn man sich gerade wieder einmal über eines dieser Schweinchen geärgert hat, aber es geht.

Das Gesetz von Ursache und Wirkung, auch Karma genannt, darf man sich nicht statisch vorstellen, es ist dynamisch, es sind Energien, die nach den jeweiligen

Umständen mit positiven oder negativen Vorzeichen erzeugt und auch wieder gelöscht werden. Karma erlischt aber nicht automatisch, etwa mit dem Tod eines Menschen. Es überdauert die Inkarnationen, bis es bewusst gelöscht wird. Ein Ziel alles geistigen Wachsens ist die völlige Befreiung von karmischen Verstrickungen. Nur der Himmel weiß, wie viele Menschenseelen das bisher erreicht haben. Wir Erdgebundenen haben da noch viel Arbeit vor uns. Blättern Sie doch nur einmal in einem Geschichtsbuch: Kriege, Intrigen am Hofe, Mord, Totschlag, Verrat, Lug und Trug. Und dazwischen immer wieder Selbstlosigkeit, Mitgefühl, Güte, Opferbereitschaft, Liebe. Viel zu wenige wissen das: Karmische Verstrickungen lassen sich nur in Liebe auflösen, und zwar in bedingungsloser Liebe. Hier ist nicht die Rede von Geschlechterliebe, sondern von transpersonaler Liebe.

Vom Fürstenhof zum Industriebetrieb

Ein ständiges Werden und Vergehen.

Kommt uns das nicht bekannt vor? Vielleicht sucht sich jede Zeit ihre speziellen Schauplätze aus für das große karmische Spiel. Könnte es sein, dass sich die Plattform für karmische Begegnungen von Fürstenhöfen und Schlachtfeldern in unsere Industriebetriebe und Behörden verlagert hat? Es sieht fast so aus. Vielleicht liefert Ihnen diese Vorstellung die Erklärung dafür, dass Sie sich mit dem Einen so prächtig verstehen, während ein Anderer scheinbar grundlos eine feindselige Haltung einnimmt. Menschen, mit denen Sie direkt in karmischer Beziehung stehen, laufen Ihnen wahrscheinlich so lange in den unterschiedlichsten Inkarnationen über den Weg, bis es einem von Ihnen gelingt, dieses Karma aufzulösen. Es könnte doch sein, dass eine karmische Verbindung aus einer anderen Inkarnation gerade jetzt aufgelöst werden kann. Wir gehen einfach einmal davon aus, dass keine Begegnung ohne Grund stattfindet.

Das muss ja alles auch gar nicht mit so furchtbarem Ernst betrieben werden. Spielen Sie doch mit diesem Gedanken. Machen Sie sich die Freude und stellen sich Ihren Chef als römischen Galeerensklaven vor. Malen Sie sich die Situation in bunten Farben aus, wie der in Ketten geschmiedet und schwitzend da sitzt und sein Ruder schwingt und ihm dabei eine unbarmherzige Mittelmeersonne auf den Pelz brennt, während ein dickes Schweinchen oben auf dem Achterdeck steht und die Schlagzahl vorgibt. Aber schauen Sie genau hin, vielleicht sind Sie selbst das Schweinchen da oben. Versuchen Sie mal, sich die unscheinbare Schreibdame von nebenan als stattliche Priesterin im alten Ägypten vorzustellen, oder diesen Dandy aus der Nachbarabteilung, der so faul ist, dass es zum Himmel stinkt, als Legionär, wie er inmitten seiner Centurie im Gleichschritt über die Alpen marschiert. Der großmäulige Atheist als kleiner, hagerer Monsignore in seiner Landgemeinde, der unnahbare Vorstand als buckliger Hofnarr. Der Fantasie sind keine Grenzen gesetzt, und das Leben wird viel vergnüglicher.

Das gilt natürlich in gleicher Weise auch für Sie selbst. Lassen Sie Ihrer Vorstellungskraft freien Lauf und versuchen Sie herauszufinden, als was Sie sich selbst vorstellen könnten. Lassen Sie dabei ruhig auch Ihre weniger edlen Eigenschaften zu Worte kommen. Wo fühlen sie sich besonders wohl, welche Situationen mögen Sie überhaupt nicht? Sie kommen zum ersten Mal irgendwohin und der Gedanke durchzuckt Sie: Das kennst du schon, obwohl das gar nicht sein kann. Oder Sie fühlen sich verantwortlich oder schuldig für etwas, was Sie gar nichts angeht. Fantasie und Kreativität sind hier gefragt. Auch wenn das zunächst einmal nur ein vergnügliches Spiel für Sie ist, klammheimlich wird es Ihre Gedanken allmählich relativieren, vielleicht sogar revolutionieren. Und siehe da, Sie bekommen ein ganz neues Verständnis für die Handlungsweisen der Menschen um Sie herum. Vielleicht empfinden Sie dann Aggression, Verleumdung und Bösartigkeit nicht mehr nur als einen Angriff auf Ihre Person, sondern auch als neue Folge des Fortsetzungsromans einer karmischen Verbindung. Sie könnten dann viel souveräner mit solchen Dingen umgehen.

Wenn das so ist, dann können wir ja beruhigt weitermachen mit dem Hauen und Stechen, mit den hasserfüllten Gedanken und schlechten Wünschen. Das ist ja dann ganz normal. Der Himmel bewahre Sie davor, das baut nur neues Karma auf, an dessen Auflösung Sie an anderer Stelle wieder arbeiten werden. Auflösen können Sie Ihr Karma nur in einem Geiste kosmischer Liebe, in einer Atmosphäre der Aufrichtigkeit und bedingungslosen Ehrlichkeit. Die Probleme müssen auf den Tisch und in einer positiven Haltung angeschaut werden. Und wenn der andere noch nicht verhandlungsbereit ist, dann brauchen Sie unendliche Langmut und Geduld. Auch das ist eine Form kosmischer Liebe. Es ist ganz wichtig, dass wir wieder lernen, dabei auf unsere innere Stimme zu hören. Auch Ihre innere Stimme ist da, sie spricht mit Ihnen, ja sie schreit manchmal, Sie sind ihr gegenüber nur sehr schwerhörig geworden.

Wenn Sie nun mit diesem Kapitel absolut nichts anfangen können, dann betrachten Sie die Reinkarnationslehre einfach als ein interessantes Denkspiel. Die Transaktionsanalyse oder die theoretischen Grundlagen Ihrer Marketingstrategien sind auch nichts anderes. Wenn Sie sich angesprochen fühlen, wenn Ihnen diese Vorstellungen plausibel scheinen, dann lassen Sie sie wirken. Versuchen Sie, damit umzugehen, zu spielen. Sie werden feststellen, dass es eine Menge Spaß macht, aber auch, dass Sie daraus Trost und Hilfe in schwierigen Situationen erhalten. Und ich möchte in einigen späteren Kapiteln versuchen, ein Bild davon zu zeichnen, wie es in unseren heutigen Unternehmen zugehen könnte, wenn sich mehr Menschen diese Vorstellungen zu eigen machten.

Die Verstrickung entwickeln

Wahre Macht ist, sich selbst gegenüber voll verantwortlich zu sein.

Einer meiner früheren Mitarbeiter hinterging mich schamlos. Offiziell stimmte er verschiedenen Maßnahmen und Strategien zu, die er dann hinter meinem Rücken nach besten Kräften sabotierte. Er redete schlecht über mich bei anderen Stellen im Hause. Er untergrub meine Glaubwürdigkeit bei den Kunden.

Eines Tages fand ich, dass das Maß voll war. Ich war wütend, ich mahnte ihn ab, ich wollte ihn entlassen. Doch der kleine Mann in meinem Ohr sagte: »Tu es nicht. Du hast ihn in einer anderen Inkarnation schon einmal köpfen lassen, als er nicht nach deiner Pfeife tanzen wollte. Wenn du es jetzt wieder tust, verhinderst du erneut deine und seine spirituelle Ent-Wicklung.«

Überzeugung

Haben Sie sich schon einmal überlegt, wo das Wort »überzeugen« herkommt? Wir haben darüber nachgedacht, im Seminar. Also, »zeugen« hat ja zwei Bedeutungen. Die biologische hat hier nichts zu suchen. Erst recht nicht, wenn man bedenkt, dass das ja auch Spaß macht. Und was Spaß macht, kann keine richtige Arbeit sein. Aber in der zweiten Bedeutung heißt das: Zeugnis ablegen. Und wenn einer *über*zeugt, könnte es doch sein, dass er zu viel Zeugnis ablegt. Man könnte dann auch sagen, er lügt.

Wissen Sie noch, ich habe Ihnen doch von unserem ehemaligen Marketingmanager erzählt, dem, der so gut Neudeutsch kann. Und der ist aus Versehen unserem neuen Vorstand über den Weg gelaufen. Und dann ist etwas Schreckliches passiert. Mit seinem ausgezeichneten Neudeutsch hat er es fertig gebracht, unseren neuen Vorstand zu überzeugen. Er log ihm die Hucke voll, bis der alles glaubte. Der schätzt nämlich Neudeutsch sehr. Ach so, ich habe Ihnen ja noch gar nicht gesagt, wovon er ihn überzeugt hat. Er hat ihm weisgemacht, dass er der Einzige auf Gottes Erdboden sei, der unsere Firma vor dem unmittelbar bevorstehenden Ruin retten könne. Und so kam er wieder zu uns zurück.

Also das wird ein teurer Spaß. Wo wir doch so sparen müssen. Das Managergehalt, der Umzug aus dem Ausland, der teure Dienstwagen, und der Personalverschleiß. Wie ich das meine? Das ist einfach. Auch der tüchtigste Personalchef kann nicht verhindern, dass gelegentlich einer eingestellt wird, der noch einen Rest von Wahrheitsliebe im Bauch hat. Was man im Bauch hat, muss man ja schließlich nicht auf der Zunge herumtragen. Jetzt bekommt so ein Mensch einen neuen Chef mit so viel Überzeugungskraft. Sie kennen ja das Sprichwort »Wer einmal lügt, dem glaubt man nicht …«. Wer wird auch so blöd sein und nur einmal lügen. Wer immer lügt, dem glauben die Leute alles. Das ist das Geheimnis von der unwiderstehlichen Überzeugungskraft.

Und der Mensch, der sich das bisschen Wahrheitsliebe so in der Gegend zwischen Magen und Milz noch gerettet hat, der bekommt jeden Tag Bauchweh. Das hält der arme Kerl nicht lange aus. Und dann muss man so einen Mitarbeiter eben auswechseln. Bei den Neuen, die man dann einstellt, muss man gleich darauf achten, dass die auch überzeugen können. Und wer überdurchschnittliche Fähigkeiten mitbringt, der ist halt auch teuer. Das ist so in der freien Marktwirtschaft.

The Spiritual Association of Great Britain

Deine Zukunft ist in deine Energie eingewebt.

Ich stehe vor dem Eingangsportal eines der herrlichen georgianischen Stadthäuser, die den Belgrave Square einrahmen, und zögere noch, einzutreten. Eigentlich hatte ich geplant, noch gestern Abend zurückzufliegen. Spontan hatte ich mich dann entschlossen, eine Nacht länger zu bleiben und The Spiritual Association of Great Britain in London zu besuchen, vor deren Gebäude ich nun stehe. Wollte mir einfach mal ein Bild machen, was das für eine Vereinigung ist. Ich betrete unentschlossen die Eingangshalle. Eine freundliche Dame begrüßt mich und empfiehlt mir die Teilnahme an einer Versammlung, die gerade beginnt.

Ich gehe über Flure und Treppen, betrete den Sitzungsraum und setze mich ganz außen in die vorletzte Reihe. Ich will ja nur mal sehen, was die da machen. Obwohl ein innerer Antrieb da war, dahin zu gehen, bleibe ich mal wieder auf Fluchtdistanz. Das alte Misstrauen. Es herrscht gedämpftes Licht, der Raum hat eine Bühne wie ein kleines Theater. Ein Mann betritt die Bühne. Es wird still, der Mann konzentriert sich. Er stellt sich vor und schildert, wie er nun versuchen wird, als Kanal für spirituelle Wesenheiten Nachrichten aus einer anderen Welt für die Anwesenden zu vermitteln.

Er konzentriert sich noch einmal kurz und sagt mit Blick auf mich: »Ich meine Sie da hinten, ja Sie.«
Was mich? Der meint mich! Oh Schreck.

»Dein geistiger Vater lässt dir sagen: Du arbeitest viel allein, auf dich gestellt.«
»Ja.«
»Du bist viel auf Geschäftsreisen.«
»Ja.«
»Du machst dir viele Sorgen um deine Firma.«
»Ja.«
»Mach dir keine Sorgen, wir werden dich führen und dein Problem lösen.«
»Deine Mutter war übrigens in den letzten Tagen krank. Sie musste den Arzt konsultieren und nimmt Medikamente. Kümmere dich um sie.« (Ich war seit Tagen unterwegs und hatte nicht mit meinen Eltern telefoniert. Ein Anruf nach der Sitzung bestätigte, dass dieser Hinweis genau stimmte.)
»Dein geistiger Vater grüßt dich und sagt dir, dass er dich sehr lieb hat.«

Wo die Arbeit Spaß macht

Wo die Energie zunimmt, verändert sich das Bewusstsein.

Spielen Sie noch eine Runde mit? Wir erinnern uns an die Lehre von der Reinkarnation. Ihre Wirkung können wir in dem Satz zusammenfassen: Reinkarnation macht mich für die ganze Welt verantwortlich, so wie es die ganze Welt auch für mich ist. Oder anders gesagt: Sie schafft Eigenverantwortung für und durch alle. Risiken und Nebenwirkungen meiner Handlungen oder Produkte kann ich dann nicht bei Dritten erfragen lassen, wie das heute in der Fernsehwerbung so üblich ist. Wenn ich die volle Verantwortung für mein Tun und Lassen selbst übernehme, dann vermeide ich Risiken und Nebenwirkungen für andere von vornherein. Ein Mensch, der bereit ist, volle Verantwortung für sich selbst zu übernehmen und eigenverantwortlich zu handeln, braucht dazu aber seinen freien Willen. Er muss die Chance haben, in völliger Willensfreiheit seine Entscheidungen zu treffen. Denn wenn ich Verantwortung gegen meinen Willen übernehme, unterliege ich ja wieder einer Manipulation und kann diese Verantwortung letztlich nicht wahrnehmen.

Die geistige Welt gibt jedem Menschen seinen freien Willen mit auf den Weg. Wie kann sich jemand anmaßen, diesen freien Willen unterdrücken zu wollen? Der Versuch, den freien Willen eines anderen zu unterdrücken, ist Manipulation, ist Machtmissbrauch. Selbstverständlich ist es legitim und notwendig, Unternehmensziele zu definieren und zu kommunizieren. Ich brauche in meiner Arbeit das Engagement für mich, für andere und für die Sache, um überhaupt meinen Beitrag zu den Zielen meines Unternehmens leisten zu können. Aber bitte in freier Willensbildung. Wenn ich meinem Mitarbeiter wider besseres Wissen erkläre, er handle gegen die Interessen des Unternehmens, nur weil er eine Sache anders sieht als ich, dann nehme ich ihm die Chance zur freien Willensbildung. Und wenn ich, wie das täglich millionenfach geschieht, die Unternehmensziele als Mittel einsetze, um Macht über andere auszuüben, wenn ich einen Menschen beeinflusse zu meinem Nutzen und ihm dabei seinen vermeintlichen Vorteil vorgaukle, dann ist das eben ganz klar Machtmissbrauch, der neues Karma schafft, das ich nach den Spielregeln der Reinkarnationslehre nur durch Liebe und Hingabe wieder auflösen kann.

Machtmissbrauch heißt andere zu dominieren. Diese Eigenmächtigkeit und ihre Folgen heilen durch die Kraft der Liebe. Im Geist der kosmischen Liebe höre ich auf, meine Machtgelüste bei jeder Gelegenheit und in allen Lebensbereichen auszuleben. Dann höre ich auf, andere beherrschen zu wollen und zu manipulieren. Dann spreche ich mit meinen Mitarbeitern und Kollegen, ohne die Würde des anderen zu verletzen. Dann höre ich meinem Chef zu, ohne ihm von vornherein üble Motive zu unterstellen. Dann werden Liebe und gegenseitiges Verständnis die Grundlage für den Umgang miteinander im Unternehmen. Immer mehr Menschen haben eine tiefe, oft unbewusste Sehnsucht nach diesem Zustand. Ich bin sicher, dass eine Zeit kommen wird, in der Machtmissbrauch und Manipulation als »Führungsinstrumente« – heute allgemein anerkannte Verhaltensweisen im Unternehmen – geächtet sein werden.

Liebe im Betrieb! Das ist doch lächerlich! In einem gut geführten Betrieb ist kein Platz für solche Gefühlsduselei. Da gibt es klare Vorgaben, die betriebsnotwendigen Maßnahmen werden effizient durchgeführt, und wem das nicht gefällt, der ist fehl am Platz, der passt nicht zu uns. Oft genug habe ich solche markigen Sprüche aus dem Munde von leitenden Mitarbeitern gehört. Eine klare Androhung von Machtmissbrauch, der Versuch, durch Verbreitung von Angst zu manipulieren. Was wir stattdessen brauchen, ist Liebe.

Nun ist die deutsche Sprache, die sonst so reich an Ausdrucksmöglichkeiten ist, an dieser Stelle etwas geizig. Sie benützt das Wort »Liebe« für eine ganze Anzahl von verschiedenen Vorgängen oder Zuständen. Die Liebe, die hier gemeint ist, ist die kosmische Liebe, die alles sieht, alles versteht, aber nicht verurteilt. Sie ist verwandt mit der Nächstenliebe des Neuen Testaments. Der Begriff Altruismus kommt ihr vielleicht am nächsten. Sie äußert sich in Aufmerksamkeit, Aufgeschlossenheit, Aufrichtigkeit, Mitgefühl und Dankbarkeit. Sie ist bereit, Standpunkte zu verlassen, sie stellt Qualität über Quantität, sie führt zu Synthese statt Analyse und sie schafft mit kühler Distanz eine ganzheitliche Sicht der Dinge. Kosmische Liebe ist positive Energie, lebenserhaltende Schwingung. Und zwar nicht irgendwo weit weg bei den armen Heidenkindern, sondern hier und jetzt, in der Wohnstube, im Straßenverkehr, am Arbeitsplatz.

Heute gilt ein Manager als weich oder schwach, wenn er nicht mit markigen Sprüchen und allerlei Drohungen seine Leute in Angst hält, damit seine Ziele erreicht werden. Wir müssen ja nun nicht gleich ins Gegenteil verfallen und ständig in selbstloser Hingabe einen halben Meter über dem Boden schweben. Aber ich kann meine Ziele und Vorgaben auf der Basis der kosmischen Liebe formulieren.

Jede materielle Form hat vorher ihre Entsprechung in der geistigen Welt. Mit jedem Gedanken, den ich fasse, beeinflusse ich ganz direkt meine materielle Welt. Die Geisteshaltung, für die ich hier plädiere, bedeutet keineswegs, dass in der Führung des Betriebs Schlendrian einkehren soll und die Ziele des Unternehmens nicht mehr mit Nachdruck verfolgt werden sollen. Ganz im Gegenteil, es ist ganz besonders wichtig, Ziele klar zu formulieren, die Arbeitsabläufe eindeutig zu definieren und unmissverständliche Arbeitsanweisungen zu geben. In einem Klima, das durch sachliche Information, eine ganzheitliche Sicht des Unternehmens und gegenseitiges Wohlwollen geprägt ist, fällt die Angst vor dem Vorgesetzten oder vor den Folgen bestimmter Handlungsweisen weg. Diese Angst ist für die meisten Manager heute ihr wichtigstes Führungs- und Steuerungsinstrument.

Der Mitarbeiter braucht aber in jedem Fall Arbeitsanweisungen und Richtlinien. Die erhält er nun durch emotionsfreie und sachlich orientierte Kommunikation. Die Kommunikation über diese Zusammenhänge und Vorgänge geschieht jetzt mit dem Blick auf das Ganze, im Geiste gegenseitigen Wohlwollens und in der ehrlichen Absicht, in gemeinsamer Anstrengung gute Arbeitsergebnisse zu erzielen. Die Unredlichkeit, die Missgunst und das gegenseitige Intrigieren, von denen das Klima der Betriebe heute geprägt wird, entfallen. In einem

Klima gegenseitigen Wohlwollens kann sehr präzise und notfalls auch sehr hart verhandelt werden, ohne dass diese Äußerungen als Verletzung oder Diffamierung empfunden werden. Ich denke, das ist eher ein Zeichen der Stärke.

Diese Zeit der geistigen Erneuerung, die, wenn Sie es ernst meinen, notwendigerweise eine Umstellung Ihres Arbeitsstils zur Folge hat, kann übrigens ein ganz kritischer Punkt sein, der mit großer Sorgfalt angegangen werden muss. Weder Vorgesetzte noch Mitarbeiter können die Veränderungen in Ihrem Arbeits- und Führungsstil nachvollziehen. Eine Chance, diese Veränderungen zu erläutern, bekommen Sie in aller Regel nicht, man würde Sie sehr wahrscheinlich auch gar nicht verstehen. Sie werden plötzlich zu einem Außenseiter und müssen behutsam versuchen, Ihren neuen Stil plausibel zu machen. Viele Menschen sind noch gar nicht bereit, diesen neuen Umgangston anzunehmen. Sie können sich gar nicht vorstellen, dass es so auch geht. Wie soll das funktionieren?

Positive Gedanken senden

Jedes innere Bild verändert sofort die Energie.

Ich lade Sie noch einmal dazu ein, mit mir ein Denkspiel zu spielen. Stellen Sie sich vor, jede Materie, jeder Körper, wäre von ihm entsprechenden feinstofflichen Energiekörpern umgeben und durchdrungen, die normalerweise nicht sichtbar sind, die aber bei allen Lebewesen Emotionen und intuitives Wissen beeinflussen. Das ist gar nicht so abwegig, wie sich das vielleicht jetzt anhört. Die jüngsten Forschungsergebnisse unserer Physiker und Biologen lassen diese Annahme in einem Denkmodell durchaus zu. Oder lesen Sie nach bei den griechischen Philosophen. Platon soll zum Beispiel gesagt haben: »Nur das, was Kraft hat, ist wirklich; darum ist die Materie nicht von Grund auf wirklich, sondern eine Möglichkeit, die auf die Seele wartet, damit sie von ihr die spezifische Gestalt erhält. Die Seele ist die selbstbewegliche Kraft im Menschen und ein Teil der selbstbeweglichen Seele aller Dinge. Sie ist reine Lebenskraft, unkörperlich und unsterblich.« Ich bin tief beeindruckt von der Entdeckung, dass die griechischen Philosophen der Antike – jedenfalls einige von ihnen – längst wussten, was wir heute wieder mühsam lernen.

Nun stellen Sie sich weiter vor, wie diese Energien schwingen, oszillieren, Strahlung aussenden, neue Energiewellen aufnehmen, mit anderen Energiekörpern kommunizieren. Was soll dieser Quatsch? Erinnern Sie sich? Wir haben gesagt, Liebe ist Energie. Energie kann man senden und empfangen. Ich zitiere aus der Schulungsbroschüre eines erfolgreichen deutschen Unternehmens: »... und Sie haben den Auftrag so gut wie in der Tasche. Weil die Bilder in Ihrem Unterbewusstsein mit den Bildern im Unterbewusstsein Ihres Kunden übereinstimmen.« Man kann auch das Gegenteil tun. Wenn ich zum Beispiel in einer Konferenz einen anderen in Grund und Boden rede oder durch Killerphrasen eine Präsentation niedermache, dann nehme ich, bildlich gesprochen, dem anderen Energie weg. Ich fühle mich dabei gut, ihm geht es schlecht und seine Präsentation geht in die Hose. Alle diese Verhaltensmuster wie Rechthaberei, Besserwisserei, Überheblichkeit, Ironie, Bosheit, Neid, Stolz oder Scheinheiligkeit, die in praktisch jeder normalen Besprechung in unseren Unternehmen permanent angewendet werden, dienen also keineswegs der Erreichung von sachlichen Zielen, sondern dem Energieklau, der persönlichen Befriedigung.

Stattdessen müssen wir lernen, dem, der gerade spricht, positive Gedanken, Schwingungen des Wohlwollens zu senden. Dem Sprecher wird dann nicht Energie geklaut, sondern gegeben. Er fühlt sich dabei gut, seine kreativen Kräfte werden gestärkt und er wird bessere Ergebnisse erzielen. Wenn alle Gesprächsteilnehmer so miteinander verfahren, werden ungeahnte Kräfte freigesetzt und die Besprechung wird nicht nur im besten Sinne des Wortes eine gute Unterhaltung sein, sondern auch zu wesentlich besseren Ergebnissen führen. Sagen Sie bloß nicht, das funktioniert doch nicht, solange Sie es nicht probiert haben. Sie können auf diese Weise eine aufgelockerte Stimmung in einer Runde verbreiten, die sonst muffig und unlustig um den Tisch sitzt. Sie können es in Gesprächen mit Ihren Mitarbeitern versuchen und werden feststellen, dass aus unwilliger Opposition eine Bereitschaft zur Kooperation erwächst. Beim Einkaufen, in der Straßenbahn, am Telefon – ich verspreche Ihnen, es funktioniert.

Eine wachsende Zahl von Firmen lässt ihre Mitarbeiter darin schulen, wie sie mit den Kunden des Unternehmens freundlich und zuvorkommend umgehen können. Lächeln Sie am Telefon, der Andere sieht es. Denn Freundlichkeit bei Kundenkontakten bringt Umsatz und spart dem Unternehmen viel Geld im Servicebereich. Wenn ich im Geiste kosmischer Liebe mit meinen Kunden umgehe, dann verbessere ich also nachhaltig das Unternehmensergebnis, ganz ohne Training.

Es gibt bereits eine Situation, in der viele Menschen, ohne sich dies bewusst zu machen, diese Methode anwenden: die Weihnachtszeit. Die Weihnachtsbotschaft lautet: Frieden auf Erden und den Menschen ein Wohlgefallen. Mit dem Frieden haben wir global gesehen noch unsere Probleme, aber mit dem Wohlgefallen sind wir schon ganz gut. Die Menschen werden sentimental; das heißt, sie lassen Gefühle zu, sie senden Verwandten, Freunden und Bekannten gute Wünsche und sind gern bereit, diese Wünsche von anderen anzunehmen. Genau das ist ein Austausch von positiver Energie, von kosmischer Liebe.

Der Motettenchor

Das ganze Universum ist Klang, es spricht in Klängen und Symbolen.

Die Kirche liegt im Halbdunkel, Kerzen brennen. Die Proportionen des romanischen Kirchenschiffs klingen und schwingen wie fantastische Poesie. Die Steine leben. Die Abteikirche über dem Tal ist ein Kleinod romanischer Baukunst aus einer Epoche deutscher Geschichte, in der die Menschen in ganzheitlichem Verständnis unvergängliche Kunstwerke geschaffen haben. In meinem jugendlichen Unverständnis habe ich keine Ahnung von dem holistischen Welt- und Kunstverständnis der Salierzeit, aber ich fühle und erfasse instinktiv die Harmonie von Material, Formen, Farben und Klängen, in deren Zusammenspiel die anwesenden Menschen eintauchen.

Der Motettenchor gibt ein festliches Konzert. Ich bin Sänger in diesem Chor. Ich singe gern, habe eine schöne, junge Tenorstimme. Der Chor bildet einen schwingenden Klangkörper, der im Zusammenklang der Schallwellen der Einzelstimmen im Kirchenraum eine vollendete Einheit formt. Ich bin Teil dieses Körpers, ich bin Teil aller Schwingungen, die an diesem Ort in diesem Moment zusammen klingen. Ich weiß ganz genau, dass in diesem Augenblick nicht nur die anwesenden Menschen auf eine gemeinsame Frequenz eingestimmt sind, sondern dass alles, was da ist, mitschwingt. Heute weiß ich, es war eine Kostprobe kosmischer Klänge.

Die Seherin

Nichts wollen, nur sein, alles andere ergibt sich von selbst.

Ich mache erneut einen Besuch bei der Seherin. Sie sagt mir Folgendes:

Es steht dir eine Veränderung bevor. Achte darauf, was »unter dem Stein liegt«. Drehe den Stein immer um. Entdecke Schlechtes, lass es dir nicht gefallen. Sei aufgeschlossen für das Gute.

In nächster Zeit sind Liebe, Finanzkraft und persönlicher Freiraum für dich wichtig. Sei vorsichtig. Zwischen dir und deiner Frau kann es auch mal krachen. Zur Zeit ist alles möglich.

Psychisch muss noch ein Abschied gefeiert werden, von inneren Werten.

Zum Thema Haus: Die Suche ist noch nicht unbedingt beendet. Ein Umzug aus technischen Gründen ist aber okay. Verfolgen, aber nicht erzwingen. Für den Freiraum ist es gut, aber nur für zwei bis drei Jahre.

Benutze eine Wünschelrute, wenn du kaufst oder mietest. Binde dich nicht länger als zwei bis drei Jahre. Das Haus hat wenig Liebe erfahren, es wurde nur »benutzt«. Entdecke die schlechten Seiten, die Kehrseite. Finde die Störungen, man kann darauf leben, aber nicht darauf schlafen. In dem Haus ist etwas Liebloses geschehen.

Das Haus könnte durch private Probleme des Vermieters verkauft werden. Nicht zu kritisch werden, sonst fühlt sich der Vermieter in seiner Gedankenwelt »entthront«. Vorkaufsrecht festlegen.

Wirtschaft

Man kann darin Platz nehmen und einen trinken. Und man kann darüber diskutieren. Im Seminar haben wir beides gemacht. Auf die Variante mit dem Trinken will ich jetzt nicht näher eingehen. Aber die andere Wirtschaft, die, in die man nicht reinsitzen kann, die könnten wir uns doch ein wenig genauer anschauen.

Also, Wirtschaft ist der Ausschnitt allen menschlichen Handelns, der sich mit der Bedürfnisbefriedigung befasst. Bedürfnisse haben wir alle zuhauf, die Mittel, um diese zu befriedigen, aber selten. Und wenn sich jetzt einer damit beschäftigt, dieses Durcheinander auseinander zu sortieren, dann haben wir eine Wirtschaft. So gesehen ist jeder Kneipenwirt ein hochkarätiger Ökonom.

Nur weil unser Betrieb Bedürfnisse befriedigt, ist er aber noch lange keine Bedürfnisanstalt, nicht wahr? Ab und zu pinkelt da zwar einer einen an, und gelegentlich stinkts auch zum Himmel, aber der eigentliche Zweck eines Betriebs ist die Erstellung einer Leistung und deren Verwendung, damit das ganz klar ist.

Unter Erstellung einer Leistung versteht man nichts anderes, als dass man etwas produziert, was man verkaufen kann. Und die Verwendung der Leistung ist ganz einfach dies, dass man das Zeug so teuer wie möglich verkauft. Und dazu braucht man einen Verkaufsleiter.

Wir haben einen, der ist ein Naturtalent. All die Dinge, die wir im Seminar gelernt haben, hat dem nie einer gesagt. Der hat auch noch nie ein Seminar besucht. Der ist

Verkaufsleiter aus Leidenschaft. Und das nimmt er wörtlich. Er schafft Leiden, bei anderen. Aber sonst schafft er nicht besonders viel. Und selbst hat er auch ein schweres Leiden. Er leidet am Bazillus »B«.

Sie wissen nicht, was das ist? Na so was. Das ist die wissenschaftliche Kurzformel für Beziehungspflege. Das ist ein uralter Brauch, den schon die alten Ägypter pflegten. Wenn man keine Lust zum Arbeiten hat, dann braucht man gute Beziehungen. Solche Beziehungen aufzubauen und zu pflegen nimmt einen Menschen von früh bis spät in Anspruch. Auf Neudeutsch würde man sagen, das ist ein Fulltime-Job.

Weil unser Verkaufsleiter so sehr unter dem Bazillus B leidet, hat er überhaupt keine Zeit mehr, um sich um die Verwendung unserer Leistung zu kümmern. Dafür hat er seine Sklaven. Da ist er nämlich konsequent. Wenn schon altägyptische Bräuche, dann richtig. Und das war schon immer so: Sklaven müssen arbeiten bis zum Umfallen.

Weil der Verkaufsleiter aber so stark leidet, hat er natürlich keine Zeit, um sich um die Leiden seiner Sklaven zu kümmern, also dafür muss man Verständnis haben. Deswegen müssen die Sklaven ihre Leiden selbst behandeln. Und so kommt es, dass sich am Schluss keiner mehr um die Leistungsverwendung kümmert, sondern nur um sich selbst. So schwierig kann das mit der Wirtschaft sein. Da bleibt nur noch eines: in die Wirtschaft gehen und einen trinken.

Der neue Manager

Es geht immer um Bewusstsein und Energie.

Es gab Zeiten, da war der Universalgelehrte, der nicht nur sein Fach beherrschte, sondern sich auch in allen angrenzenden Wissensgebieten zumindest ein wenig auskannte, die Norm. Der reine Spezialist war eher die Ausnahme. Das ist lange her. Heute beginnt die Spezialisierung bereits in der Schule, demnächst wahrscheinlich im Kindergarten. Schon in der Förderstufe müssen die Kinder oder ihre Eltern entscheiden, ob es in Richtung Naturwissenschaft oder Humanistik gehen soll. Spätestens in der Siebten legt man sich – ob man will oder nicht – durch die Auswahl von Hauptkursen noch spezieller fest. Und am Ende ist man ein brillianter Mathematiker, kann aber keinen Brief schreiben, und stellt dann vielleicht auch noch fest, dass man doch lieber Geige spielen würde. Das Ergebnis ist eine generelle Fragmentation des Wissens, die vielen Menschen große Probleme bereitet.

Die Fragmentation des Wissens und der Arbeit ist ein Spiegel der Fragmentation des Menschen. Dafür gibt es viele Beispiele: Der Wissenschaftler, der nur seine eng umrissene Forschung vorantreibt, ohne deren Auswirkung in größeren Zusammenhängen zu sehen. Der Journalist, der nur einen Aspekt aus vielen heraus greift und damit ein Thema verzerrt darstellt. Der Arzt, der sich auf das sein Fachgebiet betreffende Symptom beschränkt und nicht den ganzen kranken Menschen behandelt. Der Gewerkschaftsfunktionär, der nur die Ziele seiner Gewerkschaft streitbar vorantreibt und damit möglicherweise im Gesamtzusammenhang Schaden anrichtet. Der Manager, der nur die Ziele seiner Abteilung verfolgt ohne Rücksicht auf die übergeordneten Belange des Unternehmens. Der Arbeiter, der am Montageband nur wenige Handgriffe im Produktionsablauf tun darf und dem damit eine ganzheitliche Sicht seiner Tätigkeit unmöglich gemacht wird. Wir könnten diese Liste noch lange fortsetzen. Solche Fragmentationen sind immer ein Hinweis darauf, dass die Lebensenergien dieser Menschen nicht mehr zentriert, nicht mehr ausgewogen sind.

Was war zuerst da, das Huhn oder das Ei? Darüber lässt sich trefflich streiten. Bewirkt die Fragmentation des Wissens die innere Zerrissenheit, oder ist es umgekehrt? Der Ursprung aller Dinge ist die geistige Welt. Es sind die Geisteshaltung, die Glaubensmuster, die im Einzelfall oder im Kollektiv zu diesen Problemen führen. Dabei ist es letztlich gleichgültig, ob sie sich zuerst im Inneren oder im Äußeren manifestieren. Sie erziehen die Menschen dazu, nicht mehr über ihren Tellerrand hinauszuschauen. Sie verengen ihr Bewusstsein auf den schmalen Ausschnitt, den ihre Tätigkeit innerhalb des Gesamtspektrums einnimmt, und sind entsprechend unfähig, ganzheitliche Standpunkte zu würdigen.

Seit vielen Jahren experimentieren zum Beispiel Automobilhersteller mit Gruppenarbeit in der Fahrzeugproduktion. Mit dieser Abkehr von der extremen Arbeitsteilung am Fließband wird der Arbeitsablauf humaner, das heißt weniger nervtötend, und damit die Ausschussrate geringer und die Qualität besser. Das wesentliche Element der Gruppenarbeit ist die Tatsache, dass der individuelle Arbeiter zwar nicht alle Arbeitsinhalte der Gruppe, aber deren internen Arbeitsablauf bis zu einem gewissen Grad selbst bestimmen kann. Außerdem ist er mit den Arbeitsschritten der ganzen Gruppe vertraut. Das ist ein deutlich größeres Spektrum, als er es hätte, wenn er am Fließband stünde. Dies scheint mir ein richtiger Schritt in Richtung Eigenverantwortung zu sein, also ein Schritt weg von der Manipulation hin zur echten Motivation.

Nur ein kleiner Schritt, der als isolierte Maßnahme zwar wirklich etwas in Bewegung bringen kann, der aber eben nur ein erster Anfang ist. Das Einzige, was wirklich dauerhafte Veränderung hervorbringt, ist die Veränderung des Bewusstseins. Das ist gleichzeitig auch das Einzige, was wir Menschen tun können. Wir können die anderen nicht zwangsweise ändern, aber wir können unser eigenes Bewusstsein erweitern und entwickeln. Und damit wirken wir auf alle und alles.

Aber welchen praktischen Wert hat so etwas? Ein ehemaliger Kollege pflegte seinem Unmut über betriebliche Probleme Luft zu machen mit der Bemerkung: »Der Fisch fängt immer am Kopf zu stinken an.« Recht hat er. Die neue Kultur im Unternehmen beginnt mit einer neuen Art von Management, nämlich mit Menschen in Führungspositionen, die ganz von innen heraus den Wunsch haben, ihre Mitarbeiter durch ihr Vorbild und durch Beratung und Training zu Eigenverantwortlichkeit, ganzheitlicher Wertung ihrer Arbeitsergebnisse und zu einem liebevollen Umgang miteinander anzuregen. Ich denke, so mancher Politiker lässt sich nur ungern daran erinnern, dass das Wort »Minister« aus dem Lateinischen kommt und »Diener« bedeutet. In diesem Verständnis sehe ich den neuen Manager als den Diener seiner Mitarbeiter. Er dient als Koordinator, Berater und Verhaltenstrainer.

Der neue Manager wird nach wie vor die Aufgabe haben, das investierte Kapital zu bewahren und Profit zu erwirtschaften. Aber die Wege, die zu diesen Zielen führen, werden andere sein. Er stellt, anders als das heute meistens üblich ist, die Menschen in den Mittelpunkt seines Handelns. Er versteht, dass sein Betrieb unter anderem ein Schauplatz der Austragung zwischenmenschlicher Probleme ist. Er weiß, dass es da auch viele negative Energien gibt und er versucht durch das Aussenden von positiven Bildern und das Aussprechen von positiven Gedanken seinen Mitarbeitern zu helfen. Er hilft den Menschen, selbst positive Gedanken zu haben, die Dinge ganzheitlich und eigenverantwortlich zu sehen. Es gehört auch zu seinen Aufgaben, machtlüsternen Individuen Verhaltensänderungen nahe zu legen.

Jeder redet vom Betriebsklima und keiner weiß so ganz genau, was das eigentlich ist. Es ist die Summe der Energien, der Geist, der in einem Betrieb herrscht. Der neue Manager fördert diesen Geist durch seine eigene positive Ausstrahlung im Sinne kosmischer Liebe.

In diesem positiven Geist lassen sich die Ziele des Unternehmens viel klarer und eindringlicher formulieren, weil sich die Menschen in diesen Worten wiederfinden. Sie können nachvollziehen, wie die betrieblichen Leistungen entstehen und verwendet werden, weil sie gelernt haben, die Dinge ganzheitlich zu sehen. Fast schon als ein Nebenprodukt der »angewandten Reinkarnationslehre« entstehen neue Strukturen im Betrieb. Das wachsende gegenseitige Vertrauen ermöglicht horizontale Strukturen, macht die heute oft Stasi-ähnlichen Kontrollinstrumente überflüssig und verhindert dank ganzheitlicher, das heißt abteilungsübergreifender Sicht aller Mitarbeiter Leerlauf, Doppelarbeit und Be- und Verhinderungen aller Art. Ich kann es quantitativ nicht benennen, aber wenn ich mir in Erinnerung rufe, was ich allein in den vorangehenden Kapiteln in diesem Buch an leistungsreduzierenden Verhaltensweisen beschrieben habe, so liegt da ein riesiges Potential brach.

Aha, also doch Manipulation! Keineswegs, denn diese betrieblichen Verbesserungen entwickeln sich aus einer Haltung gegenseitiger Achtung, Verantwortlichkeit und freundlicher Zuneigung – alles Beschreibungen der Auswirkungen kosmischer Liebe. Diese positive Energie kann nicht nur das Betriebsklima prägen, sie kann auch eine große Kreativität freisetzen. Und sie fördert die individuelle Leistungsbereitschaft. Die Unternehmensziele klingen dann nicht mehr wie aus einem betriebswirtschaftlichen Lehrbuch abgeschrieben, sondern sie sind die Visionen von künftigen Produkten und Leistungen.

In diesem bunten Szenario von positivem Energieaustausch findet auch unser Kunde wieder seinen Platz. Er ist nicht mehr der unerwünschte Störenfried, der unseren Mitarbeiter auf seinem Selbstverwirklichungstrip oder beim Warnstreik stört, sondern er wird ganz natürlich in diese positive Situation eingebunden. Das heißt, man achtet bewusst auf den reellen Vorteil des Kunden und begegnet ihm in allen Kontakten (schriftlichen, telefonischen und persönlichen) mit positiver Energie. Ich möchte hier einem möglichen Missverständnis vorbeugen: Das soll nicht heißen, dass man nun jedes unfreundliche Verhalten seitens der Kunden hinnimmt. Das bedeutet aber, dass man auch eine harte Verhandlung mit einem Kunden im Geiste positiver Energie führt. Dieses Prinzip funktioniert immer und in jeder Situation. Und Ihre Kunden werden das spüren und ihrerseits positiv reagieren. Auf diese Weise trägt der neue Manager seine innere Einstellung über die Grenzen seines eigenen Betriebs hinaus.

Angst und Aggression sind starke Gefühle, die das Verhalten von Menschen fast immer maßgeblich beeinflussen. Weil man es für unangemessen, ja sogar für unangepasst hält, diese Emotionen zu zeigen, werden sie rigoros unterdrückt. Dann richten sie ihre Kraft nach innen und wirken zerstörerisch auf den eigenen Träger. Wenn eine Person kraft Amtes es sich erlauben kann, werden Aggressionen gelegentlich auch hemmungslos gegenüber abhängigen Personen ausgelebt. Beide Verhaltensmuster verhindern wirkliche Kommunikation, vergiften das Klima und machen die Betroffenen krank. Auf Neudeutsch nennt man das Burn-out. Wenn die Menschen in positivem Geist miteinander umgehen, bedeutet das nun keineswegs, dass wir diese Gefühle abschaffen. Das können wir nicht und sie sind notwendig, um mit karmischen Verwicklungen umgehen zu können. Aber anstatt sie hemmungslos auszuleben oder sie gegen uns selbst zu richten, müssen wir sie erkennen, sorgfältig anschauen und versuchen, sie im Geiste positiver Energie gemeinsam mit den Betroffenen aufzulösen. Also Konfliktlösung mit Aussicht auf dauerhaften Erfolg anstatt Manipulation und Brutalität. Ein willkommenes Nebenprodukt wird sein, dass die Abwesenheitsrate wegen Krankheit deutlich zurückgehen wird.

Diese Entwicklungen in Gang zu bringen und in Gang zu halten, wird die wichtigste Aufgabe des neuen Managers sein. Seine übrigen planenden, koordinierenden und administrativen Pflichten werden sehr bald auf den zweiten Rang verwiesen werden. Nicht, weil er sie vernachlässigen würde, sondern weil sie wesentlich leichter zu erledigen sein werden in einem Klima, das von ganzheitlichem Verständnis, Offenheit, Ehrlichkeit und dem Austausch positiver Energien geprägt wird. Vielleicht sollte man dann auch über eine neue Berufsbezeichnung für Manager nachdenken.

Die Seherin

Die Unterwürfigkeit nach außen in eine Hingabe nach innen, an das Höhere Selbst, verwandeln.

Ein weiterer Besuch bei der Seherin. Sie sagt Folgendes:

Sei ein guter Diplomat. Sei auf dem Sprung, lege dich nicht fest. Du musst wissen, was du willst. Schließe dich ab, sei herzlos. Du bist für vieles verantwortlich, denke auch an dich selbst. Schließe die Vergangenheit ab. Setze dich nicht Kleinkriegen aus, sei für große Dinge bereit.

Mache dich frei von Schuldgefühlen. Du tust viele Dinge aus dem Unterbewusstsein, bist aber nicht frei von der eigenen Vergangenheit, von Ängsten, Pflichten, Moralvorstellungen. Dadurch wird dein Potential gehemmt. Lerne, mit deiner Fantasie umzugehen, auch über Leichen zu gehen. Sei im Beruf hart, greife durch, gehe deinen Weg.

Lerne entscheiden, wann Rücksicht dem anderen nützt und wann nicht. Nimm keine Rücksicht aus Feigheit. Werde frecher. Sei firmenpolitisch tätig, rede mit. Es ist eine Übergangsphase. Arbeitsverträge sind wichtig. Du kommst finanziell eine Stufe höher.

Die Wohnungsgesundheit ist seelisch und körperlich nicht gegeben. Es ist zu wenig Platz zum Denken, und es gibt eine Störung von Gestein, Felsspalte oder Stromleitung. Sie zieht Energie ab. Andere Wohnung suchen, wenn es sich ergibt, aber ohne Kampf und Krampf. Nach Haus umschauen, Mietverträge mit Anwalt prüfen.

Du brauchst eine Phase der Rekonvaleszenz. Eine neue Einstellung kommt, dein Selbstbewusstsein wächst.

Legalisiere alles, was du wünschst. Sperre dein Leben nicht in Zäune. Schreibe zehn Dinge auf, die du gern spontan tust. Finde die Stoppschilder heraus, die die Spontaneität verhindern. Verstehen, aber trotzdem eigene Wünsche äußern, nicht den Verstehenden spielen.

Wachatmen! Sei ein harter Richter, konzentriere dich auf die großen Dinge, komme von deinem Perfektionismus herunter. Es sieht gut aus, aber dieses Jahr wird noch mühsam.

Ein Brief

Lieber Johannes,

nicht zu unrecht übst Du Kritik an den politischen und gesellschaftlichen Zuständen in unserem Land. Ja, Du hast recht, die Politiker aller Parteien handeln anscheinend nur noch nach dem Grundsatz: Was mir hilft, wieder gewählt zu werden, ist gut. Und dann versuchen sie, an den Symptomen herumzuflicken, die den Leuten gerade am unangenehmsten sind, um sich nur recht beliebt zu machen. Was dabei völlig unter die Räder kommt, ist die gesamtheitliche Sicht auf die Bedürfnisse der Bürger; gesamtheitlich, was die Inhalte angeht, aber auch den zeitlichen Ablauf.

Diese Beobachtung kannst Du auf alle Lebensbereiche übertragen. Sie ist besonders eindrucksvoll im Bereich der Medizin. Ein Mensch wird krank, das heißt seine Energien sind nicht mehr harmonisch ausgerichtet, er ist nicht mehr in seinem Zentrum, und das zeigt sich in irgendeinem Symptom. In aller Regel wird das Problem des Menschen gar nicht angeschaut, sondern ausschließlich das Symptom behandelt. Und wenn es weggeht, gilt er als geheilt, obwohl sein wirkliches Problem nicht gelöst wurde. Und so wird er bald wieder krank sein und neue Symptome entwickeln. Hätten die Ärzte gelernt, ganzheitlich zu arbeiten, würden sie versuchen, den wahren seelischen Grund zu finden und den Menschen wirklich zu heilen.

Ein anderes Feld, aus dem Du dieses Verhalten beobachten kannst, ist die Führung von Unternehmen. Die verantwortlichen Menschen arbeiten nur an den Symptomen, die ihren Arbeitsbereich direkt berühren oder ihnen persönliche Vorteile versprechen. So kann nie eine an der Gesamtheit des Unternehmens ausgerichtete Strategie entstehen, und irgendwann geht das Unternehmen vor die Hunde, weil keiner das Wesentliche sehen konnte.

Es werden überall noch die Symptome bekämpft. Das wird sich aber in dem Maße ändern, in dem es mehr Menschen geben wird, die sich nach innen orientieren und die lernen, der Führung ihrer Seele zu vertrauen. Die seelische Wahrnehmung ist ganzheitlich. Dann wird es bald möglich sein, in allen Bereichen ganzheitlich zu sehen und zu handeln. Das wird eine völlig neue Qualität ergeben, die geprägt ist durch offene Kommunikation. Man braucht keine Fassaden mehr zu errichten um vermeintlicher kurzfristiger Vorteile willen. Durch Erkennen des ganzheitlichen Grundes kann man souverän das Richtige tun. Ich wünschte mir, Du könntest diesen Gedanken verinnerlichen. Es würde Dir helfen, Deine Entscheidungen, nicht nur die großen, auch die kleinen alltäglichen, mit großer innerer Sicherheit zu treffen.

Genug für dieses Mal.
Ich liebe Dich,
Dein Victor

Eigenverantwortung ohne Grenzen

Die Umweltverschmutzung beginnt im Kopf.

Zwangsläufig wirken Veränderungen der Unternehmenskultur auch nach außen. Auch für den Betrieb als Einheit gilt das Prinzip: Wir wirken immer. Das Wissen um die Prinzipien der Reinkarnation, um die Notwendigkeit, karmische Verwicklungen in dieser Inkarnation oder in irgendeiner anderen wieder aufzulösen, verändert nicht nur meine Haltung gegenüber anderen Menschen, sondern schafft auch ein geschärftes Bewusstsein für den verantwortungsvollen Umgang mit den Schätzen der Erde. Der neue Manager, der die Konsequenzen seines Handelns aus einer ganzheitlichen Sicht betrachtet, überwindet die Segmentierung seiner Tätigkeit und anerkennt, dass er als Teil des Kosmos Verantwortung für alle seine Handlungen trägt, nicht nur gegenüber seinen Auftraggebern und Mitarbeitern, sondern auch in einem universellen Sinn. Er wird nicht nur mit den Geschäftspartnern seines Unternehmens in positiver Energie umgehen und sie zu unterstützen und fördern suchen, was dann im Rückschluss seinem eigenen Unternehmen wieder zugute kommt, sondern wird auch Entscheidungen treffen, welche die Energien der Natur, der Erde, nicht nur nicht verbrauchen oder gar zerstören, sondern sie regenerieren helfen und vielleicht sogar verstärken.

Was heißt das ganz konkret? Ich will ein paar Beispiele schildern, die deutlich machen, was ich meine. Nehmen wir als erstes Beispiel den Wald und die Holzwirtschaft. Der Wald – da erzähle ich Ihnen nichts Neues – ist ein eminent wichtiger Regulator für das Klima der Erde.

Jeder Förster kann Ihnen genau erklären, wie man Holz ernten kann, ohne den Wald dabei zu zerstören. Ein Manager, der die Entscheidung trifft, Wälder um des schnellen Profits willen komplett abzuholzen, wie es immer noch in den USA, in südamerikanischen Ländern, in Afrika und Asien geschieht, lädt eine große Last auf sich. Der neue Manager wird sein Geschäft so betreiben, dass der Wald sich stetig regeneriert und auf diese Weise erhalten bleibt.

Der neue Manager wird bei der Entwicklung von Produkten darauf achten, dass sie umweltschonend sind. Das heißt, dass zuerst einmal überhaupt ein echter Bedarf für ein Produkt bestehen muss. Andernfalls handelt es sich von vornherein um glatte Energie- und Ressourcenverschwendung. Das heißt weiterhin, dass Produkte so konstruiert werden, dass die verwendeten Materialien möglichst lang genutzt werden. Es wird viel von Recycling gesprochen, das bezieht sich bis jetzt aber hauptsächlich auf die Wiederverwendung von Altstoffen. Darüber hinaus müssen auch Maschinenteile und Aggregate so konstruiert werden, dass sie als fertige Bestandteile eines Produkts wiederverwendet werden können. Dann bleibt auch die bei der Produktion eingesetzte Energie und Zeit erhalten.

Sinnvolle Reparaturmöglichkeiten müssen konstruktiv vorgesehen werden, um zu verhindern, dass ein ansonsten funktionsfähiger Gebrauchsgegenstand nur wegen eines kleinen Defekts weggeworfen werden muss. Ich denke da zum Beispiel an Elektrogeräte im Haushalt, deren Kabel fest eingeschweißt und deshalb nicht austauschbar sind. Wenn das Kabel defekt ist, muss ich das ganze Gerät ersetzen. Kann ich ein neues Kabel anbringen, verwende ich das Gerät weiter. Die Tatsache, dass dadurch ein möglicher Ersatzbedarf erst später entsteht, mag die Umsatzstatistiken einzelner Herrschaften etwas dämpfen, ist aber ein willkommener und notwendiger Beitrag zur Schonung der Ressourcen der Erde.

Das heißt auch, dass die Produkteigenschaften zu keiner Zeit der Existenz eines Produkts eine Gefahr für die Erde darstellen dürfen. Ein Beispiel aus der Ölbranche: Wenn jemand eine Bohrinsel produziert, die nicht so konstruiert ist, dass sie am Ende ihrer Lebensspanne ohne Gefahr für die Umwelt entsorgt werden kann, hat er einen schlechten Job gemacht. Es kann ja wohl kein ernst gemeinter Lösungsansatz sein, sie im Meer zu versenken. Da liegen ohnehin schon genug Dinge herum, die nicht dahin gehören. Und wenn man sie an Land schleppt, besteht die Gefahr, dass sie auseinander bricht und die Küste verseucht. Mein Gott, was haben die sich bloß gedacht, als sie das Ding konstruiert haben?

Und das heißt auch, dass der Herstellungsprozess eines Produkts keine umweltbelastenden Stoffe als Nebenprodukte hervorbringen darf. Ich brauche hier nicht im Detail aufzuführen, welche Gifte in allen Industrie- und Entwicklungsländern seit Jahrzehnten mit oder ohne behördliche Billigung in die Luft, den Boden und in die Flüsse abgegeben werden. Das gilt natürlich in ganz besonderem Maße für die Produktionen, deren Abfallprodukte zur Zeit gar nicht entsorgt werden können, weil die Technologien dafür nicht existieren. Trotzdem wird fröhlich weiter nuklearer Abfall produziert oder werden nicht abbaubare chemische Substanzen in Schlammseen gesammelt, deren Dämme dann auch gelegentlich mal brechen und damit ökologische Katastrophen verursachen. Mit ein wenig Pech verbreiten sich solche Substanzen dann im Laufe der Jahre und Jahrzehnte im Boden und tauchen an anderen Stellen wieder auf und richten Schaden an. Manager, die solche Entscheidungen treffen, laden eine immense karmische Verantwortung auf sich. Ganz abgesehen davon machen sie einen miserablen Job.

Zu den Produkteigenschaften gehört auch die Überlegung, zum Beispiel durch geeignete Standortwahl Transporte und die damit verbundene Umweltbelastung und den Energieverbrauch zu vermeiden. Ich will nur ein Beispiel nennen: die zahllosen Milchtransporte über die Alpen in den Süden leisten einen deutlichen Beitrag zum Verkehrsaufkommen auf diesen Straßen. Der aus dieser Milch gewonnene Käse wird dann zum großen Teil wieder zurückgebracht in den Norden der Alpen, natürlich wieder per Lkw und auf denselben überlasteten Straßen. Natürlich nicht auf denselben Lastwagen, welche die Milch in die andere Richtung gebracht haben. Die fahren leer nach Hause. Man könnte sich auch technische Lösungen für die LKW-Auflieger vorstellen, mit deren Hilfe Leerfahrten vermieden werden.

Und nun werden die Spediteure sagen, wir wollen doch auch leben. Irgendwann wurde der Bedarf für diese Transporte erzeugt durch falsche Standortwahl. Die Spediteure haben entsprechende Transportkapazität bereitgestellt. Nun haben wir das Problem. Aber wenn es nun schon so ist, warum werden diese Transporte auf den großen Strecken dann nicht längst auf die Bahn verladen? Weil die Bahnen dafür nicht gerüstet sind. Fehler, kurzsichtige Teillösungen der Probleme, das Fehlen von ganzheitlichen Ansätzen bei Politikern und Managern wohin man auch schaut.

Der neue Manager wird bei seinen Produktentscheidungen alle diese Überlegungen berücksichtigen. Und ich vertraue darauf, dass bald eine Zeit kommen wird, in der immer mehr Verantwortliche in Wirtschaft und Politik aus dieser ganzheitlichen Sicht entscheiden werden, und damit Produkte, die diese Anforderungen nicht erfüllen, anders, besser konzipiert oder, wenn nicht zu vermeiden, auch gar nicht mehr hergestellt werden. Das gilt auch für alle Produktionsprozesse und Verfahren, bei denen Tiere und Pflanzen beteiligt sind.

Kernspaltung – ein Irrweg

Viele verschließen die Augen vor der eigenen Verantwortung.

Ein besonderes Kapitel in dieser Aufzählung von Beispielen für unverantwortliches Handeln ist die Nutzung der Atomkraft, weil sie nicht nur Gefahren von unvorstellbaren Ausmaßen schafft, sondern die Erde auch für viele Jahre belastet. Wir sprechen hier nicht von 10, 20 oder 50 Jahren, wir sprechen von Tausenden von Jahren.

Das Atomkraftwerk unterscheidet sich durch seine Technologie grundsätzlich von allen anderen Stromquellen, die man abschalten oder stilllegen kann. Danach geht keine Gefahr mehr von ihnen aus. Auch wenn zum Beispiel ein Damm bricht oder ein Kohlekraftwerk brennt, dann kommen zwar im schlimmsten Fall Menschen ums Leben oder ein Stück Landschaft wird zerstört, aber die Gefahr ist anschließend gebannt. Das Atomkraftwerk kann man nicht abschalten, man kann es nur vom Netz nehmen. Man kann die Brennstäbe nur unter extrem hohen Sicherheitsmaßnahmen ausbrennen lassen. Das bedeutet ununterbrochene Kühlung und Überwachung der Anlage durch geschultes Personal auch noch Jahre später.

Wenn diese Maßnahmen nicht mehr gewährleistet sind, hat man keine Einflussmöglichkeit mehr, auch wenn der Meiler schon abgeschaltet ist. Dann kann man nur noch hilflos zuschauen, wie sich der Prozess der Atomkernspaltung beschleunigt, wie die Brennstäbe und der Reaktor immer heißer werden und das schließlich zur nuklearen Kontamination der Erde und des Lebens auf ihr führt. Das nennt man dann den GAU; Abkürzungen klingen nicht so bedrohlich. Diese Abkürzung steht für »größter anzunehmender Unfall«. Es kann keiner sagen, dass er sich das nicht vorstellen kann. In Tschernobyl wurde uns das vor Augen geführt. Dann hat man auf die Russen geschimpft, ein paar Monate lang keine Waldpilze mehr gegessen, und im übrigen die Lügen der Betreiberfirmen und der Politiker geglaubt, die uns versicherten, bei uns könne das nicht passieren.

Ich vermute, die wenigsten Menschen in unserem Land haben sich jemals die Mühe gemacht, zu verstehen, was in einem Atomkraftwerk passiert. Dabei ist der Vorgang so simpel, dass ihn jeder nachvollziehen kann. Kompliziert sind aber die Maßnahmen zur Kontrolle und Sicherheit im Umfeld, weil dieser Vorgang eigentlich nicht beherrschbar ist. Die Betreiber dieser Anlagen behaupten das zwar, aber das ist eine Lüge, mit der die Öffentlichkeit getäuscht werden soll.

Der Physiker Dr. Hahn und seine Kollegen haben in den 30er Jahren die Kernspaltung mehr oder weniger zufällig entdeckt, als sie den praktischen Beweis für Einsteins Formel $E = mc^2$ erbringen wollten. Sie beschossen den Atomkern von Plutonium, der besonders groß ist, mit Protonen. Sie erwarteten, dass dabei die Masse des Kerns (das m in der Formel) größer werden würde, wenn mehr Energie (das E in der Formel) zugeführt wird. Es passierte aber etwas Unerwartetes: Der Kern spaltete sich in zwei kleinere Kerne und setzte dabei hohe Energie frei. Außerdem verursachte dieser Vorgang die Spaltung von benachbarten Atomkernen; es kam zu einer automatischen Spaltung weiterer Kerne – der berühmten Kernreaktion, ein Prozess, der nicht mehr zu kontrollieren war.

Der Weg von da zur Atombombe war nicht mehr sehr weit. Weiter war der Weg zu einer friedlichen und vermeintlich kontrollierten Nutzung im Atomkraftwerk. Ich habe nie verstanden, wie jemand auf die Idee kommen kann, dass sich ein tödlicher Prozess, der von verantwortungslosen Militärs als schreckliche Waffe benutzt wird, für eine zivile Nutzung eignet. Um es kurz zu machen: In einem Atomkraftwerk werden Brennstäbe aus Uran oder Plutonium mit Protonen beschossen. Dadurch wird der durch nichts mehr zu stoppende Prozess der Kernspaltung in Gang gebracht. Plutonium hat dabei noch den zusätzlichen Nachteil, dass es hochgiftige Stoffe freisetzt. Die dabei entstehende Hitze wird zur Stromerzeugung genutzt.

Die angebliche Kontrollierbarkeit im Atommeiler besteht darin, dass die Kernspaltung in einer doppelten oder mehrfachen Ummantelung aus hochwertigem Stahl geschieht. Diese ist umgeben von dicken Betonwänden. Es führen Rohre in die Brennkammern, welche die durch die Kernspaltung freigesetzte Energie nach außen führen, wo sie in elektrischen Strom umgewandelt wird. Dafür hat man unterschiedliche Verfahren entwickelt. Stahlmantel und Betonwände sollen verhindern, dass die Umgebung kontaminiert wird. Das funktioniert aber nur, solange die Temperatur im Meiler unter maximal 1300°C gehalten wird. Das Ganze wird daher ständig mit großen Wassermengen gekühlt, damit der Spaltungsprozess nicht nach außen dringt. Diese Kühlsysteme sind doppelt oder mehrfach vorhanden, für den Fall, dass eines ausfällt. Das ist die von den (Un-)Verantwortlichen sogenannte Kontrolle.

Für diese Kühlsysteme braucht man elektrischen Strom. Das ist normalerweise kein Problem, denn die Anlage dient ja der Produktion von Strom. Das hat aber nichts mit Sicherheit zu tun, denn die Stromgewinnung im Atommeiler kann aus den verschiedensten Gründen gestoppt werden: Wartungsarbeiten, technische Probleme, Störfälle etc. Dann holt man den Strom halt aus dem Netz. Wenn da nichts mehr zu holen ist, hat man Notstromaggregate. Wenn die kaputt sind, gibt es leistungsfähige Akkumulatoren. Und wenn die alle sind? So geschehen in mehreren Atomkraftwerken in Japan nach dem furchtbaren Erdbeben und dem nachfolgenden Tsunami. Da steigen dann die Temperaturen schnell auf mehrere tausend Grad, die Sicherheit ist futsch und von Kontrolle kann nicht mehr die Rede sein.

Nun wird uns gesagt, dass ein solches Erdbeben in Deutschland unmöglich sei. Undenkbar mangels Vorstellungsvermögen ja, aber unmöglich? Unsere Wissenschaftler, die sonst so großen Wert legen auf die Beweisbarkeit ihrer Behauptungen unter wissenschaftlichen Versuchsbedingungen, gehen in dieser Frage, in der es um Leben und Tod gehen kann, schlicht von einer Vermutung aus. Nur weil das in geschichtlicher Zeit nicht geschehen ist, kann man doch nicht unterstellen, dass es niemals passieren wird. Und wer sagt denn, dass der Ausfall der Kühlsysteme die Folge eines Erdbebens sein muss? Wie wäre es mit einem Flugzeugabsturz, Sabotage, einem Anstieg der Meeresoberfläche oder einem Meteoriteneinschlag?

Das Errichten und die Inbetriebnahme eines Atomkraftwerks sind immer ein Spiel mit dem Feuer, in diesem Fall aber ein Spiel mit dem nuklearen Feuer, das ganze Landstriche und im schlimmsten Fall die Erde zerstören kann.

Es scheint so, als ob viele Menschen in unserem Land mehr Angst davor haben, dass der Strom abgeschaltet wird, als davor, dass unser Land – oder vielleicht sogar die ganze Erde – nuklear verseucht wird. Ein TV-Kommentator sagte hierzu einmal: »Die Atomkraftgegner fordern die Abschaltung der AKW ohne gleichzeitig zu sagen, wo dann der Strom herkommen soll.« Die Stromerzeugung unter allen Umständen ist also seiner Meinung nach wichtiger als die Vermeidung einer nuklearen Verseuchung.

Unsere Gier nach elektrischer Energie im Dienst der Profitmaximierung oder der Bequemlichkeit darf nicht mehr an oberster Stelle stehen. Das Spiel mit dem Feuer hat bisher nachhaltig verhindert, dass Alternativen geschaffen wurden. Wenn wir all das Geld und den Grips, die in die Entwicklung des Atomstroms gesteckt wurden, in die Entwicklung alternativer Energien gesteckt hätten, wären wir längst alle Sorgen los. Wir dürfen nicht weiter warten. Es ist höchste Zeit zu handeln. Und wie wäre es als erste Maßnahme mit Strom sparen? In Deutschland gibt es ungefähr 40 Millionen Haushalte. Jeder Haushalt hat elektronische Geräte (PC, Fernseher, DVD-Spieler u.ä.), die alle rund um die Uhr auf Bereitschaft stehen. Den ganzen Krempel kann man ausschalten, solange er nicht wirklich gebraucht wird. Wenn jeder Haushalt dadurch im Jahr Strom für 10 Euro spart, ist das Strom im Wert von 400 Mio. Euro im Jahr. Nur in Deutschland. Und das sind nur die privaten Haushalte. Ich bin sicher, dass in Firmen, Behörden, Ämtern, Schulen etc. ein Vielfaches dieser Menge eingespart werden kann.

Unsere Regierung fördert die Entwicklung von alternativen Stromquellen mit erheblichen Mitteln. Diese Mittel werden aber zu einem Teil von den großen Energieerzeugern kassiert für Alibi-Projekte im Bereich Alternativstrom. Wir müssen jetzt alle Mittel in die ernsthafte Entwicklung von Alternativen investieren, so wie man vor Jahrzehnten fast unbegrenzte Mittel in die Entwicklung der Atomkraftwerke investierte. Dazu gehört auch die Dezentralisierung der Stromerzeugung. Sie darf nicht mehr in den Händen der großen Konzerne liegen, sondern muss vor allem auf Gemeindeebene und in einzelnen Gebäuden geschaffen werden.

Es wird auch immer wieder behauptet, Atomstrom sei der sauberste Strom. Welch eine unverschämte Lüge! Er ist der dreckigste Strom, den wir je erfunden haben. Nur deshalb, weil man die Verschmutzung nicht mit dem Auge sieht, ist er noch lange nicht sauber. Und die Folgen sind sehr gut sichtbar. Schaut euch die Folgen in Hiroshima und Tschernobyl an: Zerfressene Körper von Menschen und Tieren, noch Jahrzehnte später eine hohe Zahl an Krebskranken und körperlich und geistig Behinderten. Und eine Landschaft, die nicht mehr bewohnbar oder nutzbar ist. Das Gleiche werden wir jetzt in Fukushima beobachten müssen.

Es wird auch immer wieder behauptet, Atomstrom sei der billigste Strom. Und noch einmal: Welch eine unverschämte Lüge! Nach der derzeitigen Kostenkalkulation müsste er zwar noch viel billiger sein, denn die Betreibergesellschaften bereichern sich vergnüglich an den bereits amortisierten älteren Anlagen. Aber in Wahrheit ist er viel zu billig. Man vergisst tunlichst die vom Steuerzahler getragenen Kosten, die vor allem an Universitäten für die Entwicklung dieser Technologie gezahlt wurden.

Das Finanzamt verlangt von jedem kleinen Handwerker, dass er nach dem Prinzip der Wahrheit und Klarheit Folgekosten seiner Aktivitäten kalkuliert und offenlegt. Also müssen auch die Betreiber von Atomkraftwerken Rücklagen in angemessener Höhe bilden für die Entsorgung und Sicherung der radioaktiven Abfälle aus dem Betrieb von Atomkraftwerken. Die zur Zeit praktizierte provisorische Entsorgung wird heute in vollem Umfang von uns Steuerzahlern getragen und stellt zugleich ein wachsendes Sicherheitsrisiko dar. Die zuverlässige Entsorgung ist noch in keiner Weise gelöst und wird künftigen Generationen nicht nur viele Sorgen bereiten, sondern auch Kosten in unermesslicher Höhe verursachen. Ich weiß nicht, ob die Betreiber ausreichende Rücklagen bilden für die noch Jahre andauernde Stilllegung und den Rückbau von stillgelegten Kraftwerken sowie die sichere Lagerung des nuklearen Mülls, für die es bis heute keine verlässliche Lösung gibt. Wenn man diese künftigen Kosten nach dem Verursacherprinzip in die Preiskalkulation des Atomstroms einbeziehen würde, wäre Atomstrom unbezahlbar, und die Betreiberfirmen wären pleite.

Hier schließt sich nun der Kreis. Nicht nur wegen der nicht kontrollierbaren Risiken beim Betrieb der Atomkraftwerke, sondern auch wegen der künftigen Risiken durch den nuklearen Abfall war und ist es absolut unverantwortlich, solche Anlagen zu errichten und zu betreiben. Trotzdem haben Politiker, Wissenschaftler und Manager die Entscheidung gefällt, genau das zu tun. Eine Entscheidung für eine Technologie mit unüberschaubaren zukünftigen Risiken für alle, eine Entscheidung für Täuschung und Lüge vor der Öffentlichkeit, eine Entscheidung für den Missbrauch von öffentlichen Geldern, eine Entscheidung gegen die eigene Verantwortung.

Und nun hat Deutschland eine Regierung, die in der Folge und unter dem Eindruck von Erdbeben, Tsunami und nuklearem GAU in Fukushima den Mut hatte, das Steuer ihrer Atomstrompolitik um 180° ohne zu zögern herumzureißen. Die klugscheißernden Herrschaften aus Politik, Wirtschaft und Industrie mögen sich bitte ihren Spott und ihre Häme verkneifen. Zu diesem Schritt gehört ganz viel Mut! Vielleicht ohne sich dessen bewusst zu sein, war das ein Stück praktizierte kosmische Liebe.

Das Stuhlheben

Ich trage alle Kräfte in mir.

Es gibt eine große Zahl von antiken Stätten – Tempel (zum Beispiel Baalbek), Burgmauern (zum Beispiel Mykene), Steinkreise (zum Beispiel Stonehenge) – in denen riesige Steine von ungeheurem Gewicht verwendet wurden. Es ist ein Rätsel, wie diese Steine in vorgeschichtlicher Zeit transportiert und an ihren Platz im Mauerwerk gebracht werden konnten.

Archäologen versuchen zu rekonstruieren, wie diese Steine mit schweren Karren, Rundhölzern, Rutschflächen oder Kähnen und mit Hilfe von Hunderten von Sklaven bewegt wurden. Wirklich überzeugend sind diese Versuche nicht. Eine etwas exotischere Variante ist die Vorstellung, dass Priester oder Schamanen durch geistige Kräfte in der Lage waren, diese Steine zu bewegen.

Hierzu eine kleine Geschichte: Es geht laut und lustig zu, ein wenig angeheitert, es gibt vergnügliche Darbietungen, die Gäste jubeln und klatschen. Wir feiern die Hochzeit eines Freundes. Einer sagt neben mir: »Wer macht mit beim Stuhlheben?« Ich kenne das nicht, aber ich bin sofort dabei. Ein wahrhaft dicker Hochzeitsgast ist schnell gefunden. Wir setzen ihn auf einen Holzstuhl, wie er in Tausenden von Gastwirtschaften herumsteht. Es geht nun darum, dass wir vier Mitspieler Stuhl und Fettwanst hochheben, indem wir lediglich mit unseren Zeigefingern unter die vier Stuhlecken fassen. Die Hochzeitsgäste sind fest davon überzeugt, dass das nicht geht. Ich habe auch so meine Zweifel.

Die Vorstellung beginnt. Der Spielleiter übernimmt das Kommando. Er fordert uns auf, unsere Hände zusammenzufalten, die Zeigefinger auszustrecken und an das Kinn zu legen und uns ausschließlich auf die Kraft in unseren Fingern zu konzentrieren. Nach einiger Zeit befiehlt er uns, die Finger unter den Stuhl zu halten und gibt das Kommando: »Anheben.« Wir heben den Stuhl mit dem Dicken darauf mühelos bis in Augenhöhe, nur mit unseren Zeigefingern. Es ist eine unglaubliche Erfahrung, das hat nichts mit Technik oder Tricks zu tun, es geht wirklich wie von selbst.

Es ist eine Demonstration des Synergieeffekts. Wenn fünf genau das Gleiche wollen, am selben Strang ziehen, denselben Stuhl heben, geht es um ein Vielfaches leichter, als wenn jeder für sich werkelt. Aber weit mehr noch ist es eine Demonstration der Tatsache, dass ich durch Zentrierung meiner Energie auf einen inneren Fokus ungeahnte Kräfte entfalte. Vielleicht stimmen die Berichte von alten Völkern, deren Priester große Lasten durch geistige Anstrengung transportieren konnten.

Flora und Fauna

Alles was sich regt und lebt, das sei eure Speise.
(1. Mose 9, Vers 3)

Aber müssen wir deshalb gleich alles manipulieren, vergiften und zerstören? Besonders auffällig treten in diesem Zusammenhang natürlich die Auswirkungen einseitig orientierter Entscheidungen für Pflanzen und Tiere in der Landwirtschaft zutage. Den Landwirten, oder sollte ich lieber sagen den agrarischen Nahrungsmittelfabrikanten, wird seit Jahrzehnten von Behörden und chemischer und pharmazeutischer Industrie vorgegaukelt, dass praktisch alles machbar sei. Ein Markt ist ein Ort, an dem sich Angebot und Nachfrage treffen. Der europäische Agrarmarkt ist alles andere als das. Am besten beschreibt man ihn wohl als eine Arena, in der ein fortwährender Kampf um Subventionen tobt.

Und für den nicht aktiv am Kampf beteiligten Beobachter sieht es ganz so aus, als ob diese Subventionen langfristig überwiegend unerwünschte Folgen hätten. Die Bauern werden von den Behörden zu überzogenen und im Rückblick häufig auch falschen Investitionen veranlasst. Der Hühner-, Schweine- oder Rinderstall verkommt zur Produktionsanlage, in der die Tiere nicht mehr artgerecht gehalten werden können. Die Folge ist, dass sie krank werden und von ihrem ersten Atemzug an zur Freude der Pharmaindustrie mit Medikamenten behandelt werden müssen. Obendrein versucht man noch, das Wachstum der Tiere durch die Gabe von Chemikalien zu beeinflussen, angeblich im Interesse des Verbrauchers. Ich vermute eher, im Interesse des Profits. Die Politiker sind offenbar außerstande, diese Missstände europaweit zu beseitigen. Im europäischen Binnenmarkt werden Machenschaften dieser Art durch geschicktes Hin- und Herschieben über die Grenzen vertuscht, eine wirksame Kontrolle ist letztlich nicht möglich. Reste dieser Medikamente kaufen wir dann ahnungslos, wenn wir beim Metzger unser Steak oder unsere Frühstückswurst holen, oder sie sammeln sich im Grundwasser, mit dem wir uns dann duschen oder unseren Tee kochen. Ein ungeheurer Pharma-Markt, der heftig umkämpft wird. Die Folgen für die Tiere und in der Konsequenz auch für die Menschen sind ungeheuerlich, interessieren aber praktisch keinen.

Beim Getreide-, Gemüse- und Obstanbau und im Weinbau ist es nicht anders. Den Bauern wird eingeredet, zum Teil behördlich vorgeschrieben, wie oft sie was zu spritzen haben. Lesen Sie einmal die Informationsbroschüren der Spritzmittelhersteller. Da steht praktisch drin: »Lieber Bauer, je mehr Gift Du ausbringst, je besser sicherst Du die Quantität und die Qualität deiner Produkte.« Die Böden werden jedes Jahr mehr versaut, die Schädlinge immer resistenter, und Fauna und Flora verarmen, weil das Gift natürlich auch andere Lebewesen umbringt, die eigentlich gar nicht gemeint sind. Dann fährt man auch noch mit immer größeren und schwereren Maschinen auf den Feldern herum und verdichtet damit den Boden. Jedes Jahr mehr Gift, jedes Jahr mehr Bodenverdichtung; ich frage mich manchmal, wie lange da überhaupt noch etwas wächst.

Aber das macht ja nichts, man kann ja auch ganz auf Erde verzichten und die Pflanzen auf Substrat ziehen. Da teilt man die Chemie präzise mit dem Computer zu und hat alles schön übersichtlich und ohne die Unwägbarkeiten der Natur im Griff. Hauptsache, die Produkte sind makellos schön. Welche Gifte in welcher Konzentration drin sind, diese Frage bleibt unbeantwortet. Und wie das Gemüse und das Obst schmecken, scheint noch nicht mal die zu interessieren, die das Zeug kaufen und essen.

Die Bereitschaft, diese Abläufe ganzheitlich zu sehen und entsprechend umfassende Verantwortung zu übernehmen, wird das Denken aller an dieser Kette Beteiligten verändern. Selbstverständlich braucht eine Kulturlandschaft Eingriffe und Pflege durch die Menschen, selbstverständlich sind auch bei Bedarf Korrekturen oder vorbeugende Maßnahmen notwendig. Aber wir werden mehr und mehr dahin kommen, dass wir die Natur nicht mehr vergewaltigen, sondern Maßnahmen finden, die im Einklang mit den natürlichen Abläufen stehen. Wir brauchen nicht genetische Veränderungen, die Pflanzen resistent gegen Spritzmittel machen – so vor noch nicht allzu langer Zeit an einer deutschen Universität als Erfolg präsentiert –, sondern wir brauchen Ideen und Erfahrungen, wie wir unsere Nutzpflanzen in einem möglichst harmonischen Umfeld und in positiver Energie auf gesunden Böden wachsen lassen können.

Diese Aufzählung von Missbrauch an der Natur durch den Menschen ist sehr unvollständig. Auf ein ganz besonderes Thema will ich doch noch zu sprechen kommen. Das ist die Misshandlung von Tieren. Tiere sind unsere Mitlebewesen auf dieser Erde. Sie sind, wenn auch in anderen Formen, genau wie wir mit Körper, Geist und Seele ausgestattet. Das heißt nicht, dass ein Tier nicht getötet werden darf. Fressen und gefressen werden gehört noch zur Existenz auf dieser Erde. Aber ich darf ein Tier nicht wider besseres Wissen quälen und missbrauchen oder zum Vergnügen töten, oder es töten, um aus einem kleinen Teil des Tieres Profit zu schlagen und den Rest verkommen lassen.

Der Respekt vor dem Leben und die Dankbarkeit an die Natur gebieten es, ein Tier nur dann zu töten, wenn ich es wirklich brauche, das Fleisch als Nahrung, die Haut, die Sehnen, die Knochen als Rohmaterial für andere Produkte. Und ich denke, zu dieser Liste von Sünden gehört auch die Überproduktion von Fleisch, für das im Moment kein Bedarf besteht. Unter dieses Thema fällt zum Beispiel die Tierhaltung in engen Käfigen, auf eisernen Rosten oder in Dunkelheit. Unter dieses Thema fallen Tiertransporte über weite Entfernungen ohne Pausen, ohne Futter und Wasser. Dazu gehört auch das Schlagen und Schinden von Pferden, um Höchstleistungen zu erzwingen. Aber die schlimmste und karmisch folgenreichste Form der Tiermisshandlung sind Tierversuche aller Art. Tiere wurden bis vor Kurzem immer noch in großer Zahl zur Erprobung von neuen Kosmetika eingesetzt, sie erhalten Medikamente verabreicht, um mögliche Wirkungen und Nebenwirkungen zu beobachten, sie werden von Medizinern seziert oder in ihren Genen verändert, und sie werden – für mich der Gipfel menschlicher Verirrungen – von Vertretern des Militärs umgebracht, um die Wirkung neuer Waffen zu erproben. Dabei sind die Auswirkungen auf Tiere in den seltensten Fällen auf Menschen übertragbar.

Tiere haben, wie alle materiellen Lebensformen, eine geistige Entsprechung, sie sind unsere Brüder im Geist. Sie haben eine Seele. Wer das Prinzip der Reinkarnation verinnerlicht hat, kann sich unmöglich noch an solchen Aktivitäten beteiligen. Und ich möchte wirklich nicht in der Haut derer stecken, die solche Ereignisse zu verantworten haben.

Wir haben in einem der früheren Kapitel versucht uns vorzustellen, dass ein menschliches Wesen nicht nur einen materiellen, sichtbaren Körper hat, sondern auch einen feinstofflichen Energiekörper. Wer weiß, vielleicht sogar mehrere. Dieses Bild lässt sich noch weiter ausmalen. Stellen wir uns vor, das wäre auch bei allen Tieren, Pflanzen und Dingen so. Alles, was existiert hätte dann eine Entsprechung in der geistigen Welt. Und alles, was existiert stünde dann in einem energetischen Austausch miteinander. Und alles, was ich tue hätte eine Wirkung auf alles andere. Und nicht nur, was ich tue, sondern auch, was ich denke, denn Gedanken sind Energie. Und damit fügt sich dieses Bild nahtlos in das Prinzip der Reinkarnation ein. Wenn sich Menschen aus diesem Energiegeflecht herauslösen und nicht mehr im Austausch mit der geistigen Welt stehen, dann neigen sie dazu, der Erde und deren Bewohnern Schäden und Schmerzen zuzufügen, wie ich sie an den vorstehenden Beispielen gezeigt habe.

Vor diesem Hintergrund stelle ich mir den neuen Manager vor als einen Menschen, der seine Autorität im Umgang mit den Menschen in seinem Unternehmen nicht mehr aus dem Chefstatus und dem Diktat der Macht bezieht, sondern als einen, der um seine Einbindung in karmische Verflechtungen weiß und der seine Energien lenkend und helfend einsetzt. Dadurch beweist er seine wirkliche Befähigung zur Führung anderer, vergleichbar mit dem Leittier in einer Herde von Wildpferden, das in aller Regel eine ältere, erfahrene Stute ist, die sich nicht durch Muskelkraft, sondern durch Umsicht, fürsorgliches Verhalten und souveränen Umgang mit ihren eigenen Energien auszeichnet.

Dieser etwas andere Manager schafft Bedingungen, unter denen die Menschen gern arbeiten. Er fühlt, denkt und handelt ganzheitlich, zunächst bezogen auf das eigene Unternehmen. Zwangsläufig wirkt dieses Bewusstsein auch auf alle Kontakte außerhalb seines Unternehmens, letztlich auf die ganze Erde und den Kosmos. Damit will ich nicht sagen, dass er sich nun für alles, was auf der Erde geschieht, verantwortlich fühlen muss. Diese Last könnte kein Mensch auf seine Schultern nehmen. Aber er weiß, dass seine Gedanken und Handlungen auf die Menschen und Ereignisse um ihn herum wirken und handelt entsprechend.

Wer Frieden denkt, schafft Frieden. Wer Liebe lebt, schafft Liebe. Wir sind keine getrennten Wesen, die in einem materiellen Körper auf diesem Planeten herum werkeln. Wir sind mit jeder anderen Seele durch ein universelles wissendes Feld verbunden und wirken auf diesem Weg mit der Kraft unserer Gedanken.

Ein Brief

Lieber Johannes,

heute früh hörte ich im Radio die Nachricht, dass Leute von Greenpeace eine Bohrinsel besetzt halten, die ausgedient hat und irgendwo im Atlantik vor der schottischen Küste versenkt werden soll. Das ist nun ein wunderbares Beispiel, um zu zeigen, wie sich das Wissen darum, dass in Wahrheit alles Energie ist, ganz direkt auf die Geschäftspolitik eines Wirtschaftsunternehmens auswirken könnte.

Diese Bohrinsel gehört einer großen Ölgesellschaft. Ich kann mir das bildlich vorstellen: In einer Vorstandssitzung wird der Vorschlag, die Insel zu versenken, behandelt. Nach kurzer Diskussion der Frage, wie die Öffentlichkeit reagieren wird, beschließt der Vorstand, den Vorschlag anzunehmen und beauftragt den zuständigen Abteilungsleiter, die weiteren Schritte vorzubereiten. Schon das ist nicht in Ordnung. Mit einem großen Aufwand an Arbeit und Energie wurde das Material für diese Bohrinsel produziert. Es wäre im Sinne des Energiehaushalts der Erde richtig, dieses Ding in einen Hafen zu schleppen und abzuwracken, damit das Material einer neuen Verwendung zugeführt werden kann. Aber Versenken ist billiger, und nur das zählt. Und Abwracken ist konstruktiv auch gar nicht vorgesehen. Wer versteht, dass alles Material auch eine Form von Energie ist, wird einer solchen sinnlosen Vernichtung von Material nicht zustimmen.

Aber es kommt ja noch viel schlimmer. In der Bohrinsel sollen sich angeblich mehrere Tonnen Giftschlamm und vielleicht sogar radioaktiv kontaminiertes Material befinden. Nachdem man wohl beschlossen hatte, die Aktion bei Nacht und Nebel durchzuführen, um sie nicht öffentlich bekannt werden zu lassen, kam ein ganz Schlauer auf die Idee, das Giftzeug gleich mit loszuwerden. Stell Dir vor, das Ding läge nun irgendwo auf dem Meeresgrund und rostete nicht langsam, sondern erstaunlich schnell vor sich hin. Die Giftstoffe würden freigesetzt, verteilten sich im Meer und würden von Kleinlebewesen aufgenommen. Auf diese Weise gelangten sie in die Nahrungskette, an deren Ende der Mensch steht.

Es ist ein Beispiel von unzähligen, wie Unternehmen Produktionsprozesse durchführen, bei denen giftige Abfallprodukte entstehen, die man dann möglichst unauffällig in die Luft, den Boden, die Flüsse oder das Meer »entsorgt«. Dass die Erde und alle Lebewesen die Folgen dieser Handlungen tragen müssen, interessiert den Unternehmer weit weniger als die Profitmaximierung. Versteh mich bitte nicht falsch, ich habe nichts gegen Profit. Aber ich habe etwas gegen Profitmaximierung zu Lasten anderer.

Ein Mensch, der sich bewusst ist, dass alles, was existiert, eine Form von Energie ist, und dass alle diese Energien miteinander in Verbindung stehen und sich gegenseitig beeinflussen, kann solchen Vorgängen unmöglich zustimmen. Es wäre wünschenswert, dass mehr Menschen mit diesem Bewusstsein auch in Unternehmensführungen tätig sind, dann würde sich die Zerstörung unserer Erde in industriellen Größenordnungen reduzieren. Dass irgendjemand Greenpeace einen Tipp gegeben hat, zeigt ja, dass schon jemand in diesem Unternehmen mit den geschilderten Vorgängen nicht einverstanden ist.

Je mehr Menschen den Wunsch haben, mit ihrer eigenen Energie einen positiven Beitrag zur Heilung und Wiederherstellung der Erde zu leisten, je mehr Kraft und Geschwindigkeit wird diese Entwicklung bekommen. Und es ist höchste Zeit, dass dies geschieht. Jeder, der neu hinzukommt, hilft mit und beschleunigt den Vorgang. Und so wird es bald unvorstellbar sein, dass man Produktionsprozesse durchführt, an deren Ende Giftstoffe als Belastung für die Erde stehen.

Es wird auch undenkbar sein, dass Menschen, die Verantwortung in Wirtschaft und Politik haben, die Verantwortung für die Folgen ihrer Taten nicht übernehmen. In diesem Bewusstsein ist jeder für sich verantwortlich. In diesem Bewusstsein kann es einer Unternehmensführung eben nicht egal sein, ob sie die Erde mit Giften belastet, Energie vergeudet. In diesem Bewusstsein kann es einem Politiker nicht egal sein, ob er für die Rahmenbedingungen mitverantwortlich ist, die solche Dinge zulassen.

Unser Beitrag, den wir leisten können, ist der, dass wir mit vielen Menschen über diese Zusammenhänge sprechen und möglichst viele Menschen dafür gewinnen, sich für dieses Bewusstsein zu öffnen.

Bis bald.
Ich liebe Dich,
Dein Victor

Das Recht auf Arbeit

Es werden überall noch die Symptome bekämpft. In Wahrheit ist ein ganzheitlicher Grund da. Die seelische Wahrnehmung ist ganzheitlich.

An dieser Stelle wird man mir nun vorhalten, dass die konsequente Anwendung dieser Gedanken unweigerlich zu einer Vernichtung von Arbeitsplätzen führen wird. Leider hat die Politik sich dieses Themas bemächtigt. Politische Gruppierungen aller Couleurs strapazieren das Thema und versuchen, politisches Kapital daraus zu schlagen.

Die von den Politikern angebotenen Rezepte für einen Abbau der Arbeitslosigkeit und eine langfristige Sicherung der Arbeitsplätze sind immer wieder dieselben: Umverteilung der verfügbaren Arbeit, Reduzierung der Soziallasten, Senkung der Unternehmenssteuern, staatliche Förderung für die Schaffung von neuen Arbeitsplätzen, die Ausweitung von Leih- und Billiglohn-Bereichen und ähnliche Maßnahmen aus der wirtschaftspolitischen Trickkiste.

Dabei verteidigen die, die etwas zum Umverteilen haben, nämlich Arbeitsplätze, ihren Besitzstand mit Klauen und Zähnen, und die Maßnahmen werden entweder wegen Geldmangels in der öffentlichen Tasche nicht durchgeführt oder sie zeigen nur eine geringe Wirkung. Oder sie funktionieren tatsächlich eine Zeit lang wie zum Beispiel die Leiharbeit, gehen aber zu Lasten derer, die am wenigsten dafür können, nämlich der Leiharbeiter. Jedem, der seine Augen offen hält, ist inzwischen klar, dass die,

die öffentlich davon reden, Arbeitsplätze zu schaffen, mehr versprechen, als sie halten können.

Wen wundert es? Ist es doch alles ein Herumdoktern an den Symptomen. Erschwerend kommt noch hinzu, dass immer dann mit dem Verlust von Arbeitsplätzen gedroht wird, wenn es gilt, umweltschonende oder wirtschaftlich notwendige Maßnahmen abzuwürgen. Allmählich sollten wir uns schon einmal darüber klar werden, ob wir ausreichend Arbeitsplätze auf einem unbewohnbaren Planeten haben wollen, oder einen bewohnbaren Planeten ohne das Recht auf einen lebenslangen Arbeitsplatz für jeden.

Jeder ist dafür, die Umwelt zu schützen. Aber wenn es darum geht, Flexibilität und Kreativität für seine persönliche Situation im Sinne der Umwelt zu entwickeln, dann pfeift jeder auf die Umwelt und tut alles, um seinen Arbeitsplatz zu sichern, auch wenn diese Maßnahmen umweltschädlich sind. Hier haben wir ein weites Feld zur Erprobung der Auswirkungen kosmischer Liebe, nämlich ganzheitliche Sicht der Zusammenhänge und volle Verantwortung für die Energie, die ich mit meinen Gedanken und Worten aussende. Kosmische Liebe ist ein Mögen von allem, was ist.

Es gab Zeiten, da war es nicht so ganz gesellschaftsfähig, wenn man einen festen Arbeitsplatz auf Lebenszeit hatte. Das bedeutete nämlich, dass man unfrei war, ein Sklave. Später gab es dann neben den Leibeigenen eine Mittelschicht von Freien, die ihr eigenes Land bebauten oder ihr eigenes Handwerk ausübten. Das war wohl in aller Regel eine verdammte Schinderei, aber sie hatten wenigstens keine Stechuhr, keine Personalabteilung und keinen missgelaunten Chef. Ich glaube aber nicht, dass diese Leute deshalb so hart arbeiteten, weil sie das als ihr verbrieftes Recht ansahen, sondern weil sie nicht in die Klasse der Besitzlosen und Tagelöhner abrutschen wollten, die es auch noch in großer Zahl gab. Die hatten natürlich immer noch ihren garantierten Arbeitsplatz, allerdings häufig ohne nennenswerten Lohn.

Wehe dem, der dann keine große Familie hatte. Die Großfamilie, der Clan war seit urdenklichen Zeiten das soziale Netz des Einzelnen. Man findet das heute noch zum Beispiel im Mittelmeerraum und in Asien. Wenn einer persönlich oder geschäftlich Pech oder gerade seinen Job verloren hatte, dann findet er immer noch Kost und Wohnung bei seiner Familie, seiner Sippe. Die ist groß genug, dass immer irgendwer helfen kann. Und zu tun gibt es auch immer etwas: auf dem Hof des Bruders helfen, beim Hausbau des Schwagers mitarbeiten, für den kranken Onkel im Laden einspringen und vieles mehr. Die Sippe lässt normalerweise kein Mitglied fallen.

Dass der Arbeitsplatz heute bei uns einen so hohen Stellenwert einnimmt, hat gute Gründe. Die Großfamilie, die Sippe löste sich im Industriezeitalter immer mehr auf. Stattdessen sammelten sich mit der Konzentration von Industrien immer mehr Kleinfamilien in den großen Städten an. Damit bekam der individuelle Arbeitsplatz eine immer größere Bedeutung, da die Existenz der Familie nun ausschließlich von ihm abhing. Außerdem ist er für viele die einzige Möglichkeit, soziale Anbindung und gesellschaftliches Ansehen zu erwerben. Aus Angst davor, diesen nun das ganze Leben dominierenden Arbeitsplatz zu verlieren, vergaß man, dass man eigentlich arbeitete, um zu leben, und lebte stattdessen, um zu arbeiten.

Wir müssen uns das an dieser Stelle in Erinnerung rufen: Die bäuerliche Familie früherer Jahrhunderte bearbeitete ihr Land, um davon zu leben und nicht, um das statistische Durchschnittseinkommen zu erzielen oder um möglichst viele staatliche Subventionen zu kassieren. Man wusste, wenn man seinen Hof ordentlich bewirtschaftete und alle Familienmitglieder mithalfen, hatte man immer zu essen und zu trinken und ein Dach über dem Kopf, und zwar alle vier Generationen auf dem Hof, nicht nur eine Durchschnittsfamilie von dreieinhalb Köpfen. Das nenne ich soziale Sicherheit.

Der Städter von heute kennt das alles nicht (eigenartigerweise der Bauer von heute auch nicht mehr). Das letzte Relikt aus der ländlichen Großfamilie, der gutbürgerliche Garten vor dem Stadttor, der jahrzehntelang noch eine Grundversorgung mit Obst und Gemüse sicherte, kam auch immer mehr aus der Mode, sodass auch ein kurzzeitiges Überleben ohne Lohn oder Gehalt undenkbar wurde. Der Wohnungsvermieter will zu jedem Ersten sein Geld sehen oder die Bank ihre Raten, und es gibt meistens keine Möglichkeit mehr, im großelterlichen Bauernhaus Unterschlupf zu finden, wenn die Miete nicht mehr bezahlt werden kann. Kein Wunder, dass der Verlust des Arbeitsplatzes den meisten Menschen heute solche Angst macht, bedeutet er doch, dass die Familie oder der Alleinstehende nicht mehr aus eigener Kraft existieren kann.

Mit den üblichen politischen Maßnahmen werden wir das Problem der Arbeitsplätze nicht lösen. Wir müssen aufhören, an den Symptomen herumzuflicken, und stattdessen die Wurzeln des Übels erkennen und anpacken. Wenn wir also das Problem der Arbeitslosigkeit lösen wollen, müssen wir uns möglicherweise von dem viel beschworenen Recht auf einen lebenslangen Arbeitsplatz trennen. Das aber bedeutet eine Gesellschaft mit völlig neuen Wertmaßstäben, die das Recht auf Arbeit nicht mehr als ein hohes Gut einstuft. Noch drastischer gesagt: Eine Gesellschaft, die dieses Problem lösen will, muss ganz einfach den Arbeitsplatz als individuellen Anspruch abschaffen.

Der Blick auf die jüngste Geschichte zeigt uns, dass feste Arbeitsplätze als Basis für den Lebensunterhalt in Wahrheit eine Illusion sind. Diese Struktur am Arbeitsmarkt war nur in der Zeit von 1945 bis 1980 möglich, nachdem die Industrieländer der Erde in zwei Weltkriegen so viel an Besitz und Infrastruktur zerstört hatten, dass man auf Jahre hinaus mehr Arbeit als Arbeitskräfte hatte. Dieser Nachholbedarf ist seit den 80er Jahren vorbei. Es ist höchste Zeit, dass wir uns eine neue Gesellschaftsform einfallen lassen, in der die Existenzgrundlage der Bürger auf andere – und bitte friedliche – Weise gesichert wird.

Die neue Gesellschaft

Lineares Denken verlassen, ganzheitliche Sicht.

Die Frage, wie eine neue Gesellschaft aussehen könnte und wie man in ihr seinen Lebensunterhalt bestreiten würde, ist ein eigenes, dickeres Buch wert. Hier möchte ich nur ein paar Ideen skizzieren, wie ich mir das vorstellen könnte. Wir leben im Zeitalter der Kommunikation, und es zeichnet sich an vielen Stellen die Möglichkeit der Entzerrung industrieller Konzentration ab. Neue Kommunikationsformen könnten hilfreich sein bei der Entwicklung neuer Maßstäbe, wahrscheinlich führen sie sogar zwangsläufig dahin. Nicht nur, dass kleinere betriebliche Einheiten menschlicher sind, sie sparen auch im Vergleich zu den großen Industriekonglomeraten einen Haufen Energie. Und wer weiß, vielleicht lernen wir eines Tages wieder, uns telepathisch und ganz ohne technische Hilfsmittel zu verständigen.

Damit wäre dann auch eine Rückkehr zu größeren Familienverbänden an einem Ort möglich. Diese müssten sich nicht notwendigerweise nur aus Verwandten zusammensetzen, es könnten sich auch Wahlfamilien bilden, die aus anderen Gründen zusammenleben wollen. Diese Ideen sind eigentlich nichts Neues, aber sie spielen in der öffentlichen Diskussion kaum eine Rolle, weil sie zum Umdenken zwingen und damit unbequem sind. Dies würde nämlich in vielen Lebensbereichen eine völlige Veränderung der Strukturen erfordern, zum Beispiel in den Bereichen Kranken- und Altenpflege, Versicherungswesen, soziale Systeme, die ohnehin bald nicht mehr finanzierbar sein werden, öffentliche Verwaltung, die viel zu viel Geld verschlingt, Steuerrecht, Familienrecht, Eigentumsrecht und vieles mehr.

Diese Entwicklung würde mit hoher Wahrscheinlichkeit Hand in Hand gehen mit einer Abkehr vom wirtschaftlichen Wachstumszwang und damit unter anderem ein Ende der Herrschaft des Geldes und der Wucherpreise für Grund und Boden bedeuten. Viele Produkte oder Dienstleistungen würden entfallen, die heute nur hergestellt und angeboten werden, um Arbeitsplätze zu erhalten. Damit müssten viele Menschen die Machtposition, die sie heute innehaben, abbauen, und deshalb geht an dieser Front nichts voran.

Aus diesem Szenario erwächst ein ganzes Bündel von Ideen und Möglichkeiten. Wachstum ist auch in zwischenmenschlichen und kulturellen Bereichen möglich. In einem weiteren Stadium könnte man sich vorstellen, dass der Lebensunterhalt ganz anders gesichert wird als heute. Es gibt inzwischen zum Beispiel eine wachsende Zahl von Publikationen zum Thema Grundgehalt, eine Idee, die sicher intelligenter und konfliktfreier in die Zukunft führt als das, was wir jetzt haben. Dann spielt der Erwerb des Einkommens nicht mehr die erdrückende Rolle wie heute und es kommt niemand in Not, weil die von der Politik versprochenen Arbeitsplätze einfach nicht existieren.

Arbeit im heutigen Sinn wird erledigt, wann sie getan werden muss, von jemand, der gerade Zeit hat und kompetent ist. Das würde bedeuten, dass es mit wenigen Ausnahmen keine festen Arbeitsplätze gibt und dass sich die Menschen vorrangig mit dem Austausch von Energien beschäftigen. Man könnte immer wieder Phasen des Lernens und Studierens einlegen und sich so besser auf neue Entwicklungen einstellen. Ein Arbeitsergebnis wird nicht mehr quantitativ bewertet, sondern nach seiner energetischen und menschlichen Qualität. Das wird auch notwendig sein, denn reine Kommunikation ohne die Qualität der kosmischen Liebe wäre die Hölle. Und Arbeit wird nicht mehr als eine Verpflichtung gegenüber anderen empfunden werden, sondern als Freude, als eine Plattform für die eigene Entwicklung.

Schließlich wird man vorwiegend dezentral leben, man wird sich zunehmend von den Produkten seiner Gärten ernähren, die unter der Wirkung der kosmischen Lebensenergie ein ungeahntes Wachstum entfalten werden. Anstatt einem immer dubioser werdenden Wirtschaftswachstum nachzujagen, wird man ein wohl bedachtes und kultiviertes Leben führen in Freiheit von Angst und in freundlicher Zuneigung zu seinen Mitmenschen und Mitgefühl für alle Erscheinungsformen des Lebens. Das ist praktizierte kosmische Liebe.

Im Augenblick ist das alles noch Utopie. Wo immer auch die Entwicklung hingeht, es wäre hilfreich, wenn sich mehr Menschen mit diesen Gedanken beschäftigen würden, anstatt das Thema Arbeitslosigkeit als Brecheisen für die Erreichung ihrer politischen Ziele zu benutzen. Und es wird in der Zukunft ganz sicher zu den Aufgaben des neuen Managers gehören, nicht nur technische oder kommerzielle Entwicklungen voranzutreiben, sondern auch neue Umfelder und Möglichkeiten im Sinne eines wachsenden Austauschs von positiver Energie für die Menschen zu schaffen, für die er verantwortlich ist.

Ein Brief

Der Mensch ist das, was oder wie er denkt.

Lieber Daniel,

als wir uns das letzte Mal trafen, unterhielten wir uns über industrielle Produktion und Umweltschutz. Am Ende des Gesprächs wurde ich etwas heftig. Dafür entschuldige ich mich.

Unsere Unterhaltung drehte sich zunächst um die kürzlichen Ereignisse in Ungarn, wo der Damm eines großen Abwasserteichs einer Aluminiumfabrik brach und riesige Mengen von hoch giftigem Abwasser ein großes landwirtschaftliches Gebiet mit mehreren Dörfern darin überfluteten. Das Land wird für Jahrzehnte verdorben sein, und die Dorfbewohner werden höchstwahrscheinlich nie mehr in ihre Häuser zurückkehren können.

Der Direktor der Fabrik wurde verhaftet und wird angeklagt werden. Im Prozess wird er sicher Kostensenkung und den Erhalt von Arbeitsplätzen zu seiner Entlastung anführen. Und damit waren wir mitten in unserem Thema.

Die große Mehrheit der Verbraucher wird immer die billigere Version eines Produkts wählen, wenn sie die Wahl hat. Diese Entscheidung liegt immer bei dem Verbraucher.

Aber das ist erst der zweite Schritt. Es gibt auch einen ersten: Jemand bietet dem Kunden diese billigere Version an, schafft die Wahlmöglichkeit für den Käufer. Es sind die Manager von Unternehmen, die diese Produkte oft in schlechter Qualität und häufig unter unverantwortlichen Bedingungen produzieren. Oft treffen sie diese Entscheidung wohl wissend, dass ihre Methoden für Mitmenschen und Umwelt schädlich sind.

Warum tun sie das? Erstens, weil sie wissen, dass ein anderer das Billigprodukt herstellen und anbieten wird, wenn sie es nicht tun. Zweitens, weil sie ihre Position in ihrer Firma oder ihre eigene Firma nicht verlieren wollen.

Was das erste Motiv betrifft, so wird es in unseren Gesellschaften immer Leute ohne Bewusstsein für Verantwortung geben, die den Platz eines anderen einnehmen, der beschließt, eine umweltschädliche Produktion zu vermeiden oder zu beenden. An dieser Stelle brauchen wir strenge Gesetze und die Überwachung ihrer Einhaltung in allen Ländern der Erde. Zur Zeit ist das eine Illusion. Wirtschaft und Kapital kontrollieren die Politik, sodass es keine Möglichkeit gibt, diese Utopie zu verwirklichen. Wir brauchen also eine neue Gesellschaft, die völlig andere Prioritäten setzt.

Die Chance dafür könnte beim Verbraucher selbst liegen. Mit einer wachsenden Zahl von Menschen, die ihre Verantwortung für die Menschheit und den Planeten annehmen und deshalb solche Produkte nicht mehr kaufen oder die ihre Mitarbeit in oder ihre Zusammenarbeit mit Firmen beenden, die umweltschädliche Produktionsmethoden einsetzen, wird ein allgemeines Denkmuster wachsen, das die Welt der Industrie und in der Folge auch den Rest der Welt ändern wird.

Das wird kein leichter Weg sein, aber es ist die einzige Alternative. Wenn wir so weiter machen wie bisher, werden wir in der Katastrophe enden. Es ist unerlässlich, dass wir alle auf eine neue Art denken und fühlen. Tatsächlich ist diese Art zu denken gar nicht so neu: Die Weihnachtsbotschaft sagt schon: Frieden auf Erden und den Menschen ein Wohlgefallen. Nach rund 2000 Jahren könnten wir das vielleicht einmal wörtlich nehmen.

Ich grüße dich in kosmischer Liebe,
Dein Victor

Die Seherin

Bei allem, was wir tun, entscheidet die Grundmotivation über den Erfolg.

Bei einem weiteren Besuch bei der Seherin sagt sie Folgendes:

Der Neubeginn kommt auf zarten Füßen. Die Vergangenheit fließt in die Gegenwart ein. Es gehen noch zwei bis drei Monate ins Land, bis eine Veränderung eintritt.

Dass das Haus ins Wasser gefallen ist, ist gut. Es hat dir einen Verlust erspart. Ein Umzug muss sein, energetisch und geschäftlich. Zu schnell umziehen wird aber teuer. Nicht nur nach dem Äußeren gehen. Wünschelrutengänger hinzuziehen. Vielleicht musst du zweimal umziehen. Der Wunsch muss noch stärker werden bei beiden. Ein gemietetes Haus ist eine Brücke. Das Innere ist wichtig: gemütlich, viele Zimmer, nicht zu hohe Kosten.

Es ist jetzt wichtig: Du musst gut steuern, dich nicht umdrehen, deine Ziele verfolgen mehr denn je, total nach vorne schauen. Du hast zu wenig Mut, nimm dir mehr Freiheit.

Partnerschaftliche Beziehung: Wahrheit, tiefe Liebe, Offenheit. Möglichkeiten und Bedürfnisse erkennen. Neu füreinander entscheiden.

Wie finde ich Zugang zu meinen geistigen Führern? Was spüre ich im Moment, wozu wäre ich imstande? Was wären meine Konsumwünsche? Was oder wer blockiert mich am meisten? Für den Kontakt mit meinen geistigen Führern wäre jetzt Körperarbeit in einer Yoga- oder Reikigruppe hilfreich.

Träume

Erster Traum:

Alte Wertvorstellungen verlieren ihre Bedeutung.

Ich buche für mich und meine Familie aus erster Ehe eine Reise für den Winterurlaub Anfang Januar in einem Reisebüro. Doch es gibt ein Problem; der Geschäftsführer lädt uns als Entschädigung zum Abendessen ein. Am anderen Morgen finde ich mich mit der Familie oben auf einem Altpapiercontainer wieder. Ich frage meine Frau ständig, was los war, aber sie lächelt nur und weicht aus. Ich will ihr meine Reiseunterlagen zeigen, die fallen mir aus der Hand und landen im Vorgarten des nächsten Hauses. Unbekannte heben sie auf und legen sie für mich auf die Seite. Ich klettere runter. Meine Tochter spielt im Traum auch eine Rolle – sie ist ausgesprochen freundlich.

Auch meine jetzige Lebenspartnerin ist dort. Sie sagt: »Aber wir haben doch schon was vor.« Ich versuche ihr zu erklären, dass wir beides tun können.

Zweiter Traum:

Zuordnung von Verantwortung.

Zugfahrt, ein langer Zug. Es gibt Schwierigkeiten. Ich trage die Verantwortung für den Zug. Einer meiner Mitarbeiter ist auch da. Er ist mitverantwortlich. Die Stimmung ist freundlich, aber ernst.

Der Mitarbeiter soll hingerichtet werden. Ich bedaure ihn, unternehme aber nichts.

Dritter Traum:

Kommunizieren im Unterbewusstsein.

Ich gehe zu Fuß vom Flughafen nach Hause. Unterwegs gehe ich am Rummelplatz vorbei. Gedränge. Ich sehe ein Zelt, in dem Menschen Automobile präsentieren. Für einen Moment sehe ich die Gestalten ganz deutlich. Dann eine kleine Manege. Im Gedränge begegnet mir ein Hund. Ich streiche mit dem Arm an seinem Fell entlang, es ist angenehm warm. Der Hund zwickt mich in den Po. Ich sage zu dem jungen Mann, zu dem der Hund gehört: »Passen Sie doch auf Ihren Hund auf, das tut weh.« Er sagt: »Nee.« Er wirkt arrogant. Alles ist sehr distanziert.

Vierter Traum:

Ich werde mit neuer Energie versorgt.

Vor meinen Augen wird für mich ein Tisch gedeckt.

Sollen wir noch ein wenig Neudeutsch reden?

Die Kosten gehen rauf, der Verkauf runter, der Ertrag in den Keller und die Aktionäre auf die Barrikaden. Und dann kannst Du Neudeutsch hören: Die rezessive Entwicklung der abgeschlossenen Berichtsperiode erfordert ein professionell durchgeführtes Neuarrangement unserer Ressourcen. Unsere Research resultiert ganz klar in der Challenge, unsere Strategie, die traditionell productdriven ist, zu revidieren. Ich sage, zu revidieren in der Weise, dass wir nun in eine neue Phase eintreten, in welcher der promotional Support unserer Produkte dominant sein wird. Bla, bla, bla.

Alles, was der neue Vorstand sagen will, ist: Ich weiß nicht, was ich tun soll. Und je länger er redet, desto unverständlicher wird es.

Und wenn alles Geschwätz nichts mehr hilft, und auch der Hofkehrer schon gemerkt hat, dass die Herren nicht mehr weiter wissen, dann wird ein Consultant engagiert. Auf deutsch heißt dieser Unternehmensberater. Das trifft es aber nicht ganz. Er müsste eigentlich Managerberater heißen. Denn die sind es ja, die nicht mehr weiterwissen.

Nachdem die Herrschaften von der Consultant-Firma lange genug untersucht und dabei den ganzen Betrieb aufgehalten haben, kommt, was kommen musste: Das Zauberwort heißt »lean«. Lean production, lean management, lean distribution, lean Was-weiß-ich-was. Lauter gute, deutsche Wörter. Lean ist die Umschreibung für abgespeckt. Und die Empfehlung des Beraters heißt in klaren deutschen Worten: Schmeißt Leute raus, verteilt die Arbeit auf den Rest, der noch da ist, und schreibt eure Bilanz so, dass ihr bald wieder in die schwarzen Zahlen kommt.

Der Unternehmensberater geht wieder (eine Rechnung schickt er auch noch), und jetzt kommt die Umsetzung der Empfehlungen. Und da geht es ans Eingemachte. Vor lauter Angst vor der eigenen Courage wird die geistige Kapazität des einen oder anderen Managers auch ein bisschen lean. Und nun geht die Angst um, die Stimmung im Laden ist bescheiden, und die Guten gehen zuerst. Misstrauen, Neid, Verleumdung, Intrigen; das alles ist der helle Wahnsinn.

Ich glaube, ich habe meinen Vorstand ein paar Mal zu oft gefragt, wie er dies und jenes eigentlich meine. Dann gab er mir ein wenig Nachhilfe in Neudeutsch. Er erzählte mir vom golden handshake. Auf deutsch heißt das: Wenn du freiwillig gehst und keinen Ärger machst, dann lassen wir uns das etwas kosten. Ich habe tief Luft geholt und Ja gesagt.

Verräterische Sprache

Jedes Wort hat eine bestimmte Schwingung.

Jeder Gedanke ist Energie. Und ich glaube nicht, dass die Vibrationen unserer Gedanken in unseren Köpfen eingeschlossen bleiben. Sie wirken im Äußeren. Dazu gebe ich Ihnen ein ganz alltägliches Beispiel. Vielleicht haben Sie einen Hund. Sie denken, jetzt ist es Zeit zum Gassi gehen. Sie haben noch keinen Ton gesagt und trotzdem erwartet Sie Ihr vierbeiniger Freund schon an der Tür. Woher weiß der das? Millionen von Tierhaltern kommunizieren täglich mit ihren Tieren ohne sich bewusst zu machen, dass es sich dabei häufig um Gedankenübertragung handelt. Solange keine emotionalen Barrieren da sind, können die Tiere die Schwingungen unserer Gedanken empfangen. Irgendwie wirkt die Energie unserer Gedanken immer irgendwo auf irgendetwas oder irgendwen. Und in jedem Fall wirkt sie auf den Urheber des Gedankens.

Meistens manifestieren sich Gedanken durch das Sprechen und erreichen andere Menschen als gedruckte oder gesprochene Sprache. Es gibt auch kein »gedankenloses Gerede«. Die Ausdrucksweise und die Gesprächsthemen zeigen nur, auf welchem Niveau sich die Gedanken des Sprechers bewegen. Die Art wie ich spreche spiegelt wider, wie ich denke. Ob ich druckreif spreche, ob ich meine Sätze nie zu Ende führe, ob ich abgehackt rede, ob ich in einem melodischen Tonfall spreche, ob ich mich in immer neuen Nebensätzen verhaspele oder kurze, klare Sätze formuliere, ob ich mit Kommandostimme spreche oder zögerlich oder leise; immer ist meine Art zu sprechen ein Spiegel meines Denkens. Bewusst oder unbewusst prägen meine Gedanken meine Art zu sprechen, und diese zeigt mir und meinem Gegenüber sehr deutlich, wie ich denke, wer ich bin.

Was ist Ihre erste Lüge des Tages? Es kommt einer daher und fragt: »Wie geht's?« Und Sie sagen: »Gut.« Dabei geht es Ihnen in Wahrheit beschissen. Was ich sage, teilt anderen ganz bewusst mit, was ich denke. Oder auch nicht. Nämlich dann, wenn ich nicht die Wahrheit sage. Wie oft ist es doch der Fall, dass ich etwas ganz anderes sage, als ich wirklich denke, weil ich möchte, dass mein Gesprächspartner glaubt, das seien meine Gedanken. Im Volksmund nennt man das lügen. Häufig läuft das auch auf einer unbewussten Ebene ab. Dann bin ich fest davon überzeugt, dass ich gerade die Wahrheit sage, obwohl es eigentlich nicht so ist. Es ist der unbewusste Versuch, andere zu manipulieren. Sie können diesen Effekt sehr schön in Gerichtssälen beobachten. Jeder Zeuge beschreibt ein und denselben Vorgang in völlig anderem Licht.

In dieser Situation kann es mir aber passieren, dass ich mir selbst durch die Sprache meines Körpers widerspreche. Der Körper spricht durch Mimik, Gestik und Körperhaltung. Da er im unbewussten Bereich von meinen Gedanken gesteuert wird, sagt er immer die Wahrheit. Und wieder stehen wir vor dem Phänomen, dass wir unsere Gedanken nicht nur durch Sprache äußern, sondern dass sie sich in vielfältiger Form zeigen können. Und das eben auch völlig unbewusst. Die Energie unserer Gedanken wirkt immer.

Aber zurück zur bewussten Sprache. In diesem Zusammenhang spielt der Fachjargon, der in vielen Berufen üblich ist, eine besonders wichtige Rolle. Er kann die Kommunikation unter Fachleuten tatsächlich vereinfachen. Ich denke da zum Beispiel an das Mediziner-Latein, das Computer-Englisch, chemische, physikalische oder mathematische Formeln und Ähnliches. Solche »Geheimsprachen« eignen sich aber auch bestens für Manipulationen, die nichts mit fachlicher Notwendigkeit zu tun haben. Man kann sie zum Beispiel wunderbar zur Schaffung von Gruppendynamik einsetzen. Zwei unterhalten sich in ihrem Fachchinesisch und ein Dritter, der dabei sitzt, versteht so gut wie nichts. Er wird auf diese Weise ausgegrenzt, von der Information ausgeschlossen. Er sieht sich mit negativer Energie konfrontiert, die seine Kreativität einengt und das Ergebnis der Unterhaltung beeinträchtigt. Der Fachjargon dient auf diese Weise sehr häufig dazu, Information zurückzuhalten oder zu verschleiern.

Es gibt noch ein anderes, weites Feld, auf dem der Fachjargon ausgezeichnete Dienste leistet. Wenn ich schön geschwollen mit Fachausdrücken um mich werfe, weise ich mich als Kenner der Materie aus und deklassiere den anderen als armes, unwissendes Würstchen. Dies ist auch nicht gerade ein Zeichen von Nächstenliebe, eher eine Form von Machtdemonstration und eine hässliche Angeberei obendrein. Schaut her, was ich für ein toller Kerl bin. Damit ziehe ich zwischen mir und meinem Nächsten einen Graben, der den Austausch von Energie verhindert.

Ähnliches geschieht in der Werbung, wo häufig Formulierungen gewählt werden, die Begehrlichkeit wecken und gleichzeitig Unzulänglichkeiten des Produkts verdecken sollen. Dem Betrachter wird suggeriert, dass er »dazugehören«, »in« sein will. Wenn er das aber will, dann muss er genau dieses Produkt und kein anderes haben. Oder die Werber arbeiten mit der Angst. Angst vor Karies, Unterversicherung, schlechter Altersvorsorge oder den spöttischen Blicken der Nachbarn. Oder man präsentiert eine Sache mit falschen Eigenschaften. Ein Massenprodukt wird zum edlen Stück stilisiert, ein industriell hergestelltes Nahrungsmittel als Haute Cuisine vorgestellt und so weiter. Zu diesem Zweck werden oft abenteuerliche Formulierungen gewählt, welche die Denkweise ihrer Urheber als manipulativ und negativ bloßstellen. Damit ist die Sprache der Werbung so etwas wie ein Vergrößerungsglas, durch das wir die Zustände in den Unternehmen und in den Köpfen ihrer Manager betrachten können. Auch hier gibt es also unbewusste und verdeckte Botschaften, die der vordergründigen Botschaft widersprechen können und die bei genauem Hinsehen Auswirkungen der gedanklichen Energien ihrer Urheber sind.

Noch einmal: Denken ist Sprechen. Die Sprache ist das nächstliegende Vehikel, mit dem ich meinen Mitmenschen und allen anderen Lebewesen positive oder negative Energie senden kann. Wenn Sprache positive Energie transportiert, ist sie ehrlich und ohne doppelten Boden. Sie ist wunderschön. Warum empfinden wir die Zeilen eines Gedichts als schön, warum berührt uns der Nachruf an einem offenen Grab, warum öffnen wir uns den werbenden Worten eines geliebten Menschen? Weil sie zu Sprache gewordene positive Energie sind. Man kann dazu auch Liebe sagen.

In welch drastischem Gegensatz dazu steht die Sprache, die täglich von vielen Millionen bei der Ausübung ihres Berufs und auch im privaten Bereich gebraucht wird. Wir begegnen neben oder in Verbindung mit dem Fachjargon häufig einer sehr verarmten Sprache, die dann mit Wörtern aus der untersten Schublade gewürzt wird. Oder es wird geschwollen daher geredet mit dem einzigen Ziel, zu gefallen, schönzutun oder den dicken Maxe zu spielen. Und oft wird so geschraubt und gesalbt geredet, dass man sofort merkt, wie verlogen das alles ist.

Eure Rede sei: Ja, ja, nein, nein. Was darüber ist, ist vom Übel. Man kann es nicht besser auf den Punkt bringen. Wessen Gedanken von kosmischer Liebe geprägt sind, dessen Worte sind eindeutig und klar, ohne Bedingungen und doppelten Boden. An ihrer Art zu sprechen werden wir die Menschen erkennen.

Ein Brief

Lieber Johannes,

Du hast mir vor langer Zeit einmal gesagt, Du seist Atheist. Das Lexikon definiert einen Atheisten als einen Gottesleugner. Wenn ich ganz sicher bin, dass etwas nicht existiert, brauche ich es nicht zu leugnen. Ich bin dieser Frage viele Jahre lang ausgewichen. Schon als kleiner Junge wusste ich, dass ich mit dem Sonntagsschul-Gott nichts anfangen konnte. Ein freundlicher, alter Mann mit Rauschebart, der gütig auf seine Schäflein herab schaut und gelegentlich zornig Donner und Blitze schleudert ob der Missetaten seiner schwarzen Schafe. Nein, damit konnte ich wirklich nichts anfangen. Wie sollte der sich denn gleichzeitig um all die Menschen kümmern können?

Und als ich später dann noch beobachtete, dass sehr fromme Menschen es durchaus fertig bringen, ihren Gott sehr ernsthaft um den schleunigen wirtschaftlichen Ruin eines Konkurrenten zu bitten, und dass Militärpfarrer aller Nationen allen Ernstes für die massenhafte Abschlachtung feindlicher Soldaten zu ihrem Gott beten, da war mir das Thema vollends suspekt.

Aber ganz tief in meinem Innern wusste ich trotzdem immer, dass es eine schöpfende, ordnende, göttliche Kraft gibt. Vor einigen Jahren begann ich dann, bewusst nach einem für mich gültigen und mir verständlichen Gottesbild zu suchen. Die Erleuchtung kam blitzartig, als ich begann, mich meiner geistigen Führung zu öffnen. Und gleichzeitig wusste ich, dass dieses Wissen immer schon da war.

Auch wenn es sehr schwierig ist, diese Vorstellung in Worte zu kleiden, so will ich es doch versuchen. Am leichtesten ist der Zugang vielleicht über die Physik. Die Bibel lehrt: Gott ist die Liebe. Liebe ist Leben, ist Energie. Und Energie ist Schwingung. In der modernen Naturwissenschaft haben führende Physiker Modelle entwickelt, die jede Form von Materie im subatomaren Bereich als Schwingung definieren. Stelle Dir vor, alles, was ist, ist eine Form von Energie. Und der momentane Zustand einer Einheit hängt nur vom geistigen Vorbild ab, nach dem sie geschaffen wurde. Auf diese Weise hängt alles zusammen und bildet eine Gesamtheit. Und diese Summe aller Energien ist die Auswirkung der Quelle, die wir Gott nennen.

Aber wo bleibt die ordnende Hand in diesem Energiegetümmel? Dieses Bild von der göttlichen Kraft hebt folgerichtig die Trennung von materieller und geistiger Existenz auf, denn wie gesagt, alles, was ist, ist eine Form von Energie. Dieses Gottesbild umfasst auch alle nicht-materiellen Energien, alle geistigen Formen. Und jede materielle Form existiert schon vorher in der geistigen Welt. Und so erhält jedes Ding auf der Erde seine richtige Form, entsteht die göttliche Ordnung.

Noch viel spannender wird die Sache, wenn Du Dir nun vorstellst, das dies alles auch für die menschliche Existenz gilt. Der menschliche Körper ist der für alle sichtbare, niedriger schwingende Teil eines Menschen. Aber gleichzeitig hat derselbe Mensch eben auch höher schwingende Körper, die nicht jeder sehen kann. Und Deine Seele ist reine Energie, ein Teil der göttlichen Kraft, die in allem ist, was ist, und die in jeder Deiner Zellen wohnt.

Diese Seele, dieser Energiekörper ist ursprünglich ein Teil des spirituellen Selbst, des göttlichen Bewusstseins und hat die Möglichkeit und Fähigkeit, mit diesem zu jeder Zeit in Kontakt zu treten. Wir Menschen haben das im Laufe unserer Geschichte nur verlernt. Zur Erinnerung: Gott ist die Summe aller Energien, ist in allem. Und ich bin ein Wesen, das aus Energiekörpern unterschiedlicher Schwingungsdichte besteht. Also bin ich ein Teil Gottes, Mit-Schöpfer in jedem Moment. Ist das nicht eine großartige Vorstellung?

Aber wie schon gesagt, es fällt mir ziemlich schwer, überhaupt Worte für diese Vorstellungen zu finden. Gott spricht zu mir in allem. Alle Vorgänge, an denen ich teilhabe, sind Ausdruck göttlicher Kraft in meinem Innern. Ohne die göttliche Kraft geht nichts. Wenn Du diese Vorstellungen verinnerlichst, verändert sich Dein ganzes Weltbild. Du siehst Raum und Zeit in neuen Kategorien, Du siehst den Umgang der Menschen miteinander und mit der Erde in völlig neuem Licht, und vielleicht wird Dir auch deutlich, dass Dein jetziges Leben auf der Erde nur ein kleiner Ausschnitt aus Deiner gesamten Existenz ist. Aber davon später.

Liebe das Leben von ganzem Herzen. Das Leben lieben heißt Gott lieben.

Genug für heute, bis zum nächsten Mal.

Ich liebe Dich,
Dein Victor

Die spirituelle Lehrerin

Alles geschieht zur richtigen Zeit.

Ich lasse das Telefon klingeln, dreimal, viermal. Eine weiche weibliche Stimme am anderen Ende. Ich stelle mich vor und will gerade beginnen, mein Anliegen vorzutragen, da sagt die Stimme: »Ich habe auf Ihren Anruf gewartet.« Mir fällt ein Stein vom Herzen, denn ich habe echt nicht gewusst, wie ich meinen Wunsch in Worte kleiden sollte. Obwohl wir uns noch nie vorher begegnet sind, hat sie meinen Anruf erwartet, weiß schon, was ich will. Unglaublich.

Zum vereinbarten Termin komme ich in die Praxis. Sarah begrüßt mich heiter, ruhig, mit liebevoller Distanz. Wir sprechen über Ereignisse meiner Kindheit, die mich emotional heute noch belasten. Emotionen, die ich nicht zugelassen habe. Wir sprechen über meine häufigen Geschäftsreisen nach Fernost, die ich zur Zeit aus beruflichen Gründen mache. Sie sind jetzt auch auf einer anderen Ebene notwendig für mich – auf meiner Suche nach alten Religionen. Und ich versuche mit Hilfe meiner neuen Lehrerin zum ersten Mal eine kurze Meditation. Sie gelingt noch nicht so recht, aber es macht mich neugierig.

Auf der Fahrt nach Hause habe ich das Gefühl, dass ich mich mit meinem Auto zu einer Einheit verbinde. Ich empfinde den Energiefluss von Mensch-Motor-Kraftübertragung-Räder-Erde als einen ganzheitlichen Vorgang. Offensichtlich hat die Meditation Energiebahnen frei gemacht, über die ich nun empfinden kann, wie alles zusammenwirkt. Ich bilde eine energetische Einheit mit meinem Auto.

Wie soll das weitergehen?

Nicht die Institutionen, Regierung und Gesellschaft bestimmen unser Leben, wir selbst lassen dies zu.

Bin ich nun ein Weltverbesserer mit meinen Ideen? Ja und nein. Wenn durch dieses Buch auch nur ein einziger Mensch zum Nachdenken und zur Veränderung seiner Einstellung angeregt wird, dann gelte ich gern als Weltverbesserer. Aber ich erreiche dies nicht durch Überzeugungsarbeit. Die Veränderung geschieht in meinen Gedanken, Gefühlen und Erkenntnissen.

Es geht nicht darum, sozialistische Ideale aufzuwärmen; das Buch ist kein Aufruf zur Rückkehr zur längst nicht mehr vorhandenen und für uns nicht mehr erträglichen einfachen Natur. Ich versuche frei von ideologischen oder religiösen Vorstellungen eine Vision zu zeichnen, wie wir uns von der alles beherrschenden Angst befreien können, welche die Gesellschaft heute beherrscht mit all ihren Folgen, von denen wir in den vorhergehenden Kapiteln gesprochen haben. Die Angst, die uns beherrschen kann, weil wir uns von der geistigen Welt abgekoppelt haben. Diese Trennung beenden und in ganzheitlichem Denken Verantwortungsbewusstsein für das ganze Universum zulassen, das kann eine Basis für unsere individuelle weitere geistige Entwicklung sein. Sie wird getragen und geprägt sein durch die kosmische Liebe, die als die universelle Energie der Ursprung und die Ordnung des Lebens ist.

Ich will aber ganz gewiss kein Weltverbesserer in einem politischen Sinn sein. Es geht mir nicht um Politik, es

geht mir um die Vision einer Gesellschaft, die sich von
der Angst befreit, die in Harmonie von Geist und Materie
lebt und die ihre großen und kleinen Entscheidungen
mit ausgewogener Ruhe und distanzierter Gelassenheit
trifft und nicht mehr um kurzfristiger und fragwürdiger
Vorteile willen den ganzen Planeten in Gefahr bringt.
Diese Entwicklung kommt aus dem tiefsten Inneren der
Menschen, die sich dem Geistigen öffnen. Vielleicht wird
durch sie Politik, wie wir sie heute kennen, eines Tages
überflüssig werden.

Bin ich nun ein Spinner, wenn ich solche Gedanken zu
Papier bringe? Manche werden mich sicher für einen halten. Was macht das schon? Ich möchte hier noch einmal
die griechischen Philosophen zu Hilfe rufen. Ihre Mystik
hat bereits alle Voraussetzungen formuliert, die als Basis
dienen für die hier vorgetragenen Gedanken. Was berühmte Männer vor zweitausend und mehr Jahren als
richtig erkannten, kann heute nicht so falsch sein. Viele
Menschen haben heute Sehnsucht nach einer Gesellschaft, die menschlicher ist – Oder sollte ich göttlicher
sagen? –, jedenfalls nach einem Leben, in dem sie sich frei
von Angst in Offenheit und gegenseitiger Zuwendung
und in wachsender Kreativität verwirklichen können.
Diese innere Haltung kann ich in jeder Kultur, in jeder
Religion, in jedem Beruf praktizieren. Dazu brauche ich
keine politische Partei, keine Kirche, keine Lobby, keine
wissenschaftliche Rechtfertigung. Es genügt meine bewusste Bereitschaft, mich für die Vorstellung eines Lebens in positiver Energie zu öffnen.

In eine Nussschale gepackt: Wir wollen die Kultur der
Angst durch die Kultur der Liebe und des Friedens erset-

zen. Je mehr Menschen die Bereitschaft und den Mut haben zu dieser Entwicklung, je mehr werden auch darüber sprechen und ihre Gedanken aussenden. Gleichgesinnte werden sich zusammenfinden, ihre Gedanken austauschen und sich gegenseitig unterstützen. Und wenn Sie jetzt denken: Na und, gegen die verhärteten gesellschaftlichen Strukturen unserer Zeit kommt doch keiner an, dann will ich Ihnen eine kleine Rechnung präsentieren. Wenn ich Sie heute für diese Vision gewinnen kann, dann sind wir zu zweit. Wenn wir den Kreis Gleichgesinnter von nun an jährlich verdoppeln, dann sind wir im zweiten Jahr zu viert, in zehn Jahren zweitausend, in zwanzig Jahren zwei Millionen, und in dreißig Jahren wären es zehn Milliarden.

Am 21. Dezember 2012 begann ein neues Weltenjahr, auch das Große Jahr oder das Platonische Jahr genannt. Die Erdachse nimmt keine feste Position zur Sonne und den Sternen ein, sondern beschreibt eine Kreiselbewegung. Sie bewegt sich alle 72 Jahre um ein Grad weiter und führt ihre Kreiselbewegung vollständig aus in 25920 Jahren. Das Große Jahr ist unterteilt in zwölf »Monate«, die jeweils 2160 Jahre dauern und mit einem der zwölf Tierkreiszeichen bezeichnet werden. Das erste Zeitalter in diesem neuen astrologischen Großen Jahr, das zur selben Zeit begonnen hat, nennen wir Wassermann. Die dominierenden Parameter für dieses neue Zeitalter, die den Schlüssel zu einer bleibenden Veränderung in sich tragen, sind folgende:

Erstens: Frieden auf Erden. Damit ist nicht nur die Abwesenheit von Streit und Krieg gemeint, sondern eine tief innerlich empfundene Bereitschaft zu friedlichem Zusammenleben. Die größte Kraft, über die der Mensch verfügt, ist die Kraft der Gedanken. Unser Denken wird Frieden sein.

Zweitens: Bedingungslose Liebe, das heißt eine ganzheitliche Philosophie der bedingungslosen, kosmischen Liebe. Goethe dichtete im Lied vom Heideröslein: Liebst du mich, so lieb ich dich, Röslein auf der Heiden. Das ist genau das Gegenteil von bedingungsloser Liebe. Wir können heute davon ausgehen, dass es bereits viele Millionen Menschen auf der Erde gibt, welche das Prinzip der kosmischen Liebe erkannt und verinnerlicht haben. Sie senden positive Energien an andere aus, nicht nur an Menschen, sondern auch an Tiere, Pflanzen und Dinge. Sie nehmen ihre Verantwortung für das, was sie denken und tun ernst und streben danach, im Einklang mit der Urkraft des Lebens zu sein. Wenn wir es wirklich wollen, werden Utopien Wirklichkeit.

Drittens: Die Fähigkeit unserer Zellen, mit höheren Frequenzen aus der feinstofflichen Welt umzugehen. Wir werden lernen, mit Körper und Geist die Verbindung mit der spirituellen Welt mit wachsender Intensität zu pflegen. Diese Fähigkeit wird uns in die Lage versetzen, immer besser unserer geistigen Führung zu folgen und damit neue Prioritäten für unser Leben und unser Zusammenleben in der Gesellschaft zu setzen.

Der Lastwagen

Man muss in die absolute Ausweglosigkeit eintreten.

Wenn ich heute mit hoher Geschwindigkeit auf der Autobahn fahre oder mich durch den dichten Stadtverkehr wühle, denke ich manchmal an ein Erlebnis aus meiner Kindheit und daran, welches Milliardenheer von Schutzengeln es wohl braucht, um die Menschen davor zu bewahren, sich ständig mit ihren Vehikeln Schaden zuzufügen?

Folgendes hat sich ereignet: Man hat festgestellt, dass ich schlecht sehe. Im Alter von zehn Jahren bekomme ich meine erste Brille. Meine angeborene Kurzsichtigkeit wird damit korrigiert. Seit ich nun besser in die Ferne sehen kann, lerne ich endlich richtig Rad fahren. Mit meinem Uralt-Damenfahrrad radle ich nun begeistert in der Gegend herum. Es ist ein heißer Sommertag. Der vom Kalkstaub geweißte Feldweg wird zum Hohlweg, während er in eine leichte Senke eintaucht. Von der anderen Seite kommt eine riesige Staubwolke auf mich zu. Es ist ein Lastwagen, der genauso breit ist wie der Weg. Rechts und links hohe Hecken, der breite Lastwagen kommt auf mich zu, eine ausweglose Situation. Ich weiß nicht, was ich tun soll. Ich weiß auch nicht, wie ich an dem Lastwagen vorbeigekommen bin. Ich weiß aber, dass mein Schutzengel bei mir war.

Innere Freiheit

Wahre Freiheit erwächst durch totales Loslassen.

Eine Notiz aus meinem Tagebuch: Ich möchte frei sein von den Zwängen im Industriebetrieb, um mich mehr der geistigen Arbeit zuwenden zu können.

Ich bin willens, meinen Groll über die Verleumdungen und das Mobbing, meinen Kampf um Rechtfertigung und meine tiefe Trauer über die Ereignisse in meiner Firma hinter mir zu lassen.

Es ist Freitag Abend, ich bin gerade ins Hotel zurückgekommen nach einem Abendessen mit einem sympathischen Geschäftsfreund. Meine Verhandlungen liefen bis jetzt sehr gut, das wird ein gutes Projekt werden. Ich bin in Peking, und es geht um die Vorbereitung erster Geschäftsverbindungen meiner Firma mit Firmen in China. Das Telefon klingelt, mein Vorstand teilt mir mit, dass er eben beschlossen hat, meine Aufgaben jemand anderem zu übertragen. Ich beende die Geschäftsreise wie im dichten Nebel. Von da an ist es nur noch eine Frage von Tagen, bis eine Vereinbarung über die Auflösung meines Arbeitsvertrags unterzeichnet ist und ich das Unternehmen verlasse.

Einerseits bin ich sehr froh über meine neu gewonnene Freiheit. Es war höchste Zeit für das Lösen eines Arbeitsverhältnisses, mit dem ich mich in sklavenähnliche Abhängigkeit gebracht hatte, und das mir keine Luft zum Atmen ließ. Andererseits ist das eine ungewohnte, ja, unangenehme Situation: nach über 30 Berufsjahren zum ersten mal arbeitslos, keine Ahnung wie das weitergeht. Und die unerfreulichen Begleitumstände, unter denen meine Tätigkeit ihr Ende fand, tun mir ganz einfach unglaublich weh.

Eine Übung im Loslassen. Das wollte ich doch. Ich nutze die neue Freiheit und pflege erst einmal meine Wunden und Narben. Es dauert Monate, bis die Anspannung und der tiefe Groll langsam nachlassen. Dann tue ich Dinge, die ich schon lang tun wollte, aber aus Zeitmangel nie tat, zum Beispiel Golfen, Zeichnen, Lesen. Ich arbeite intensiv an geistigen Themen: Meditationen, Seminare, Literatur, Gespräche mit Gleichgesinnten. Ich mache Notizen, beginne die ersten Kapitel für dieses Buch.

Doch dann spüre ich immer mehr, dass ich die Zeit meiner Arbeitslosigkeit beenden muss, aber ich habe immer noch keine Vorstellung davon, was ich jetzt machen will, um wieder Geld zu verdienen. Eine Menge Ideen und nichts klappt. Anstellen will mich niemand mehr, dafür bin ich zu alt. Und ich möchte meinerseits auch nicht mehr in diese totale Abhängigkeit gehen. Also selbstständig machen. Eine Handelsvertretung.

Der erste Versuch ging schief, weil derzeit kein Markt für das Produkt da war. Den zweiten Versuch brach ich ab, weil ein neuer Vertriebsleiter kam von der Sorte »Hau ruck, jetzt komme ich«. Da hätte ich für mehr Geld bei meiner alten Firma bleiben können. Der dritte Versuch endete mit hohem Verlust, weil mein Auftraggeber ein Krimineller war, der mich und viele andere sehr geschickt um unser Geld brachte. Irgendetwas stimmte da doch nicht. Die Rückkehr in die Welt des Geschäftemachens war offensichtlich nicht mehr mein Ding. Dann gründete ich meine eigene Firma, in der ich mich mit kreativen Arbeiten wie Übersetzungen und Illustrationen beschäftigte. Es war mühsam, aber sie wuchs langsam, jedoch stetig. Das war eine schwere und teure Übung zum Thema Loslassen.

Einige Zeit vor meinem plötzlichen Abgang aus der Welt der Industrie hatten wir noch ein größeres und teures Haus gemietet. Das war für einen leitenden Angestellten durchaus angemessen, für einen Arbeitslosen beziehungsweise Kleinunternehmer jedoch nicht. Trotzdem sollten noch fünf Jahre vergehen, bis ich mich endlich von diesem Haus lösen konnte. Noch eine schwere und teure Übung zum Thema Loslassen.

In all den Jahren habe ich immer darauf vertraut, dass ich meinen Weg finden würde. Das geschieht aber, wie ich sehr unangenehm erfahren musste, trotzdem nicht von alleine. Ich kann nicht von ganzem Herzen wollen, dass ich nicht mehr den Zwängen der Geschäftswelt ausgesetzt bin und mich gleichzeitig wieder in diese Situation begeben. Loslassen ist ein aktiver Vorgang. Wenn ich Bewusstheit für eine bestimmte energetische Störung geschenkt bekomme, dann ist auch Handeln angesagt. Wenn ich dann nur dasitze und abwarte, was passiert, dann hilft eben das Schicksal nach, und meistens recht unangenehm.

Was ist geistige Führung? Das heißt, ich lerne, auf durch ein Medium gechannelte oder selbst in der Meditation oder im Traum erhaltene Anmerkungen von geistigen Wesenheiten zu hören. Wirkliche geistige Ent-Wicklung kann nur stattfinden, wenn ich meiner geistigen Führung erlaube, mit mir zu arbeiten. Was heißt das? Es heißt auf seine geistige Führung vertrauen. Das heißt zu allererst auf seine innere Stimme hören. Täglich einige Male still werden und nach Innen hören. Dann muss man lernen, die aufblitzenden Empfindungen und Ideen nicht sofort wieder zu verdrängen, sondern sie zuzulassen und genau anzuschauen. Wenn man das lange genug übt, wird man auch erleben, dass es darüber hinaus Wesenheiten in der geistigen Welt gibt, die einem immer wieder Hilfe leisten, auch in ganz alltäglichen Situationen. Und wenn der richtige Augenblick für eine Entscheidung noch nicht gekommen ist, dann muss man eben auch Vertrauen in die Geduld haben und möglicherweise Vorstellungen und Glaubenssätze, die diese Entscheidung verhindern, loslassen.

Ein Brief

Nichts von dem, was wir lernen, geht verloren.

Lieber Johannes,

Du fragst, warum ich an die Reinkarnation glaube. Wir werden mit viel Mühsal erwachsen, wir lernen körperliche und geistige Fähigkeiten, wir heiraten und ziehen Kinder groß, wir rackern uns ab, wir verdienen so viel Geld wie möglich, wir lieben, hassen, freuen uns und erdulden Schmerzen. Ich kann mir nicht vorstellen, dass all dies am Ende vergeblich gewesen sein soll. Das alles macht nur Sinn, wenn wir in einer anderen Dimension die Früchte dieser Mühen ernten werden.

Vielleicht kannst Du Dir eine andere Dimension nicht vorstellen. Der westlich materialistisch geprägte Mensch wurde seit einigen Jahrhunderten dazu erzogen, sich nur mit dem schmalen Ausschnitt des Kosmos zu beschäftigen, den sein Ego überschauen kann. Ich verachte diese Seite nicht, sie ist für unsere irdische Existenz unerlässlich. Aber sie ist eben nur ein ganz kleiner Teil des Ganzen.

Praktisch alle Kulturen außerhalb des europäisch-amerikanischen Bereichs wissen um die Dimensionen der Seele und des Geistes. Während Dein Ego, Deine Persönlichkeit mit dem Ende dieser Inkarnation aufhören werden zu existieren, lebt Dein Bewusstsein, Deine Seele, Dein Geist – nenne es, wie Du magst – ewig weiter. Es wird eine andere Form, eine andere Qualität annehmen, aber es lebt weiter.

Es ist jetzt Zeit, dass Du diese anderen Dimensionen kennenlernst. Du wirst sie mit absoluter Sicherheit im Augenblick Deines Todes kennenlernen, der nichts anderes ist als der Übergang von einer Dimension in eine andere. Aber warum willst Du bis dahin warten? Ein guter Anfang dazu ist die Meditation. Dabei übst Du, den Wirbel der Gedanken, den Dein Ego ständig veranstaltet, aufzulösen. Du wirst im Inneren still und hörst und schaust. Und wenn Du ganz still geworden bist, dann kommen Bilder, Worte, Stimmungen, Gefühle, manchmal ganze Geschichten aus einer anderen Welt.

Du machst Bekanntschaft mit Deiner emotionalen und mentalen Wirklichkeit, Du begegnest den Teilen Deiner Seele, die nicht in Deiner physischen Existenz inkarniert sind und Du erfährst Energien, die Du bisher nicht kanntest. Und ganz allmählich machst Du Dich in der Meditation mit diesen Dimensionen vertraut. Dies führt zu einer Bewusstseinserweiterung, in der Du einen viel größeren Ausschnitt des Kosmos erkennst, als wenn Du die Dinge ausschließlich aus der Sicht Deines Egos betrachtest.

Dies ist übrigens auch der Grund, warum so viele Menschen versuchen, sich mit Hilfe von Rausch- und Suchtmitteln aller Art eine vorübergehende Bewusstseinserweiterung zu »erschleichen«, leider um den Preis von Suchtkrankheit und körperlichen Schäden. Wie Du siehst, geht es besser ohne diese Hilfsmittel.

Diese Bewusstseinserweiterung lässt Dich einen viel größeren Ausschnitt des Kosmos erleben, ist aber immer noch nur ein winziger Teil dessen. Der gesamte Kosmos, die Gesamtheit des Lebens ist für uns in unserer irdischen Inkarnation so unvorstellbar vielschichtig und großartig, dass es in mir schon große Dankbarkeit auslöst, einzelne Aspekte erleben zu dürfen. Auch diese Erkenntnis wirst Du in der Meditation erfahren.

Du wirst nun wohl sagen: »Aber ich will doch kein Einsiedler oder Heiliger werden.« Einsiedler ganz sicher nicht, denn die Kraft, die Du aus der Energie in der Meditation schöpfst, begleitet Dich durch Deinen Tag. Sie hilft Dir, besser mit Deinen Schwierigkeiten fertigzuwerden, Deine Prioritäten anders zu setzen, die Dinge ruhiger und überlegter zu tun. Du wirst erleben, dass Du einige Freunde dadurch verlierst, Du wirst dafür aber andere finden, die jetzt gerade vielleicht wichtiger für Dich sind. Ein Heiliger könntest Du schon dabei werden, auf eine ganz feine und unmerkliche Weise. In dem Wort steckt ja der Wortstamm »heil« oder »heilen«. Durch die Erfahrung der neuen Energien wird vieles in Dir heilen. Du brauchst deshalb ja nicht gleich eine neue Religion zu gründen, sei einfach dankbar dafür, dass Dein Leben so viel reicher wird.

Genug für heute. Ich freue mich, dass diese Fragen beginnen, Dich zu interessieren, und hoffe, dass wir noch viele solcher Briefe austauschen werden.

Ich liebe Dich,
Dein Victor

Bilder

Der höchste Sinn im Leben ist die spirituelle Entwicklung.

Im Asakusa Tempel in Tokyo. Ich war früher schon hier, in Begleitung eines Mitarbeiters, der japanisch spricht. Inzwischen finde ich meinen Weg alleine, auch mit der U-Bahn. Ich stehe auf der Treppe des großen Tempels mit Blick auf das dichte Treiben auf der Straße, die zur Eingangspagode führt. Räucheropfer, der Brunnen mit geweihtem Wasser, Mönche in braunen Kutten, Tempelbesucher, Japaner, Koreaner, kaum »Langnasen«. Im Tempel findet gerade eine große, farbenprächtige Feier statt. Mit dem Rücken zum Tempel blicke ich auf die bewegte Szene in der Straße. Dabei hänge ich meinen Gedanken nach und versinke immer tiefer in meinem Inneren. Plötzlich spüre ich eine starke, konzentrierte Wärme auf meinen Schultern und in meinem Rücken. Ich blicke nach hinten, nach oben; da ist nichts. Diese Energie erwärmt mich in sehr wohltuender Weise. Sie hält noch lange an, und ich spüre sie auch noch, nachdem ich schon lange wieder im Büro unseres Importeurs sitze.

Ich sitze in einer Maschine der China Air auf dem Weg von Peking nach Kanton, auf chinesisch Guangzhou. Ich nutze die Zeit während des Flugs für eine Meditation. Als ich die Augen wieder öffne, sind wir bereits im Landeanflug. Unter mir sehe ich das Pearl River Delta in seiner ganzen Ausdehnung. Ein prachtvoller Anblick! Und als das Flugzeug auf der Rollbahn aufsetzt, erblicke ich im Hintergrund eine Hügelkette im Dunst, wie ich sie auf alten chinesischen Landschaftsmalereien gesehen habe. Und ich weiß: Hier bist du zu Hause. Ich habe das Gefühl, ich komme nach Hause. Obwohl ich zum ersten Mal in meinem (diesem) Leben in Kanton bin.

Konferenz in Singapur. Mit einigen Freunden machen wir Sight-seeing. Das indische Viertel von Singapur ist farbenfroh, laut und voll interessanter Gerüche. Und es gibt da auch einen Tempelbezirk. Wir betreten eine der Anlagen. Auf einer Seite sitzt eine Gruppe von Menschen im Halbkreis um einen alten Mönch herum, der offensichtlich heilige Texte rezitiert. Vielleicht in Sanskrit? Ein gleichförmiger, wellenartiger Singsang, der mich magisch anzieht. Ich verlasse meine Gruppe und gehe näher an den Mönch heran. Ich höre ihm zu. Nach einer Weile durchströmt mich eine prickelnde Wärmewelle, die ich als sehr angenehm empfinde. Hier erlebe ich ganz bewusst, dass bestimmte Wort- und Lautfolgen, auch wenn ich sie gar nicht verstehe, Energien aussenden. Man nennt das ein Mantra.

Ich besuche den Meiji Schrein in Tokyo. Es ist der Tempel des Kaisers Meiji, der in der zweiten Hälfte des 19. Jahrhunderts regierte. Er wird heute noch als Erneuerer des japanischen Staats verehrt, und viele Anhänger des Shintuismus kommen zu seinem Schrein, um religiöse Handlungen vorzunehmen. Ich werde Zeuge einer Familienfeier, bei der ein kleines Mädchen seinen Ahnen vorgestellt wird. Die Eltern sind festlich angezogen, das Kind trägt ein besonderes, sehr hübsches Kleid für diesen Anlass. Ein Priester führt das Ritual durch. Die Ahnen werden gerufen, und das Kind wird ihnen in aller Form vorgestellt. Dieser festliche Akt hat nicht den abstrakten und teilweise gar nicht mehr nachvollziehbaren Inhalt, wie zum Beispiel bei uns die Konfirmation. Das ist ganz wörtlich zu verstehen; das Kind wird tatsächlich seinen Ahnen präsentiert. Man bittet sie um Begleitung, Hilfe und Schutz für diesen kleinen Menschen. Auch ganz konkret. Ich bin tief berührt und bekomme eine kleine Ahnung von der Direktheit und der Kraft dieser uralten Religion.

Seit ich bewusst begonnen habe, mich für die Kräfte der geistigen Welt zu öffnen, bekomme ich in zunehmendem Maße die Fähigkeit geschenkt, viele Energien und geistige Kräfte auch körperlich wahrzunehmen. Ich fühle in meinen Händen die Kraft, die in einem Baum fließt, die einen heiligen Stein umströmt, ich spüre die Energie, die in einem gut errichteten Haus schwingt, die von einem Menschen übertragen wird. Nicht Moraltheorien, Kirchendogmen oder gesellschaftliche Standards zählen. Wichtig ist der bewusste Zugang zu den Schwingungen der Schöpfung. Wir alle sind Teil des allumfassenden Seins, meistens wissen wir es nur noch nicht. Durch die Bilder unseres geistigen Auges und durch intuitives Wissen können wir immer mehr erfahren, wenn wir es zulassen. Ich empfinde große Dankbarkeit.

Ein Brief

Lieber Johannes,

sei ganz beruhigt, ich werde weder eine Sekte gründen, noch mich einer bestehenden anschließen. Die spirituelle Entwicklung eines Menschen, sein Eintreten in ein höheres Bewusstsein sind nicht an eine äußere Form oder an Bestätigung durch andere gebunden. Man braucht neben der ständigen Führung durch die geistige Welt zwar immer wieder die Hilfe anderer Menschen, aber das sind ganz persönliche Kontakte, die ich durch meine völlig freie Entscheidung geschehen lasse.

Sekten – die etablierten Kirchen übrigens auch – zeichnen sich gerade dadurch aus, dass sie den freien Willen ihrer Mitglieder unterdrücken. Da werden Dogmen formuliert. Geistliche oder Gemeindeglieder, die sich diesen Dogmen nicht unterwerfen, werden angefeindet und verfolgt. Da werden Verhaltensregeln und moralische Standards gepredigt, deren Nichtbeachtung Verdammnis oder wenigstens Verachtung seitens der anderen Gemeindeglieder nach sich zieht. Da werden bestimmte Handlungen verlangt, von der Bezahlung eines Ablasses, dem blinden Befolgen von Verhaltenskodizes bis hin zum Verkauf von theologischen Schriften an der Straßenecke, was den Eintritt in den Himmel sichern soll. Und im Extremfall werden die Mitglieder einer Gehirnwäsche unterzogen und völlig ihrer Freiheit und ihrer finanziellen Mittel beraubt. Das alles ist übelste Manipulation, die der Machtausübung einiger weniger dient.

Das alles hat auch nichts zu tun mit der spirituellen Entwicklung eines Menschen. Die spielt sich auf einer ganz anderen Ebene und unter ganz anderen Voraussetzungen ab. Du wirst durch Leidensdruck, sei es Krankheit, sei es beruflicher Misserfolg, durch äußere oder innere Not vorbereitet für eine Öffnung zur geistigen Welt. Eine Astrologin hat mir das einmal so erklärt: Alles, was Dir wichtig war, stirbt und vermodert – bildlich gesprochen – wie auf einem Komposthaufen. Und auf dieser neuen Erde wächst eine neue Pflanze, Deine spirituelle Entwicklung. Jede Seele sucht immer die nächsthöhere Energie. Was uns abhält, ist das Persönlichkeitsselbst, das Angst vor Veränderung hat und uns dazu zwingt, die alten Situationen immer wieder zu durchleben. Es ist wichtig, dass ich in jedem Moment entscheide, wie ich neu mit allem umgehe.

Dazu gehört aber Deine freie Willensentscheidung. Du musst bereit sein, Dich zu verändern. Du entscheidest selbst, was Du erleben willst, was Du um dich herum erkennen willst, und ob Du Dich mit Höherem oder Niederem verbindest. Hierzu noch ein schönes Zitat von einem guten Freund: »Wenn das Höchste Wesen uns den freien Willen gegeben hat, wer kann es sich anmaßen, diesen Willen zu unterdrücken?«

Verwechsle dabei aber nicht freien Willen mit Willkür. Das heißt nicht, dass ich alle schändlichen Dinge tun darf, die mir gerade in den Sinn kommen. Meinen freien Willen ausüben heißt, nach Innen hören und in voller Verantwortung für mich selbst handeln. Eine Vorstellung, die Dir zur Selbstverständlichkeit wird, wenn Du erkennst, dass alle Deine Gedanken und alle Deine Gefühle Deine Energien verändern, dass sie selbst Energie sind und auf alles andere wirken. Über diese Zusammenhänge will ich Dir in einem späteren Brief noch mehr berichten.

Bis bald.
Ich liebe Dich,
Dein Victor

Meine erste Zirkusvorstellung

Wir werden lernen, mit Emotionen neu und ehrlich umzugehen.

Die fremde Welt des Zirkus fasziniert mich. Wie sehr wünsche ich mir, endlich einmal eine Zirkusvorstellung zu sehen mit ihren fremdartigen Menschen, exotischen Tieren, akrobatischen Vorführungen und dem Clown! Es ist kurz nach meinem dreizehnten Geburtstag, ein Zirkus gastiert in unserer Stadt. Seit ich die erste Ankündigung an der Litfaßsäule gelesen habe, zerbreche ich mir den Kopf, wie ich eine Vorstellung sehen kann. Dazu brauche ich List und Tücke, denn ich lebe in einem streng pietistischen Elternhaus, in dem wahre Liebe und echte Zuneigung ersetzt worden sind durch präzise Spielregeln, was man tut und was nicht. In den Zirkus geht man nicht, das ist weltlicher Tand.

Ich bin außerstande, diese Gefühlshärte in Worte zu fassen. Also kann ich auch nicht mit meinen Eltern darüber diskutieren. Aus Erfahrung weiß ich, dass dies nur mit rücksichtsloser Gewaltanwendung gegen mich enden wird. Aber instinktiv fühle ich die ganze Wucht dieser lebensverneinenden Einstellung und bin fest entschlossen, sie irgendwie zu umgehen. Ich kann heute nicht mehr sagen, wo ich das Geld für den Eintritt der Nachmittagsvorstellung her hatte. Auf dem Nachhauseweg von der Schule kaufe ich das Billet, die frühen Nachmittagsstunden kriege ich irgendwie herum, und als ich gerade das Haus verlassen will, erwischt mich mein Vater und setzt mich so unter Druck, dass ich mich verrate. Mit Dresche und unter Androhung einiger Höllenqualen zwingt mich mein Vater, auf den Zirkusbesuch zu verzichten. Mit Tränen in den Augen stehe ich vor dem Zelteingang und verkaufe meine Eintrittskarte.

Dieses brutale Durchsetzen sinn- und freudloser religiöser Prinzipien tut mir so weh, dass ich den Vorfall für viele Jahre aus meiner bewussten Erinnerung verbanne. Und wieder einmal verkrieche ich mich ein Stück tiefer in meine Höhle und verstärke die emotionalen Barrikaden.

Erst viele Jahre später, gemeinsam mit meinen eigenen halbwüchsigen Kindern, sehe ich zum ersten Mal in meinem Leben eine Zirkusvorstellung. Und ich werde über fünfzig Jahre alt, bis ich erkenne, welchen Flurschaden dieser Vorfall bei mir angerichtet hat. Erst dann lerne ich mit Hilfe meiner geistigen Freunde und Helfer, damit umzugehen und die emotionale Blockade aufzulösen.

Zeit und Raum

Zeit nicht mit der Uhr messen, sondern mit unserer Entwicklung.

Zeit und Raum scheinen untrennbar miteinander verbunden. Solange ich mich im physischen Raum aufhalte, tickt auch die Zeit. Sonne und Mond bestimmen Jahr, Monat und Tag, die Einteilung der Tage in Stunden und Minuten beschert uns die Uhr. Ob ich die Zeit mit der Funkuhr messe oder durch den Stand der Sonne und mithilfe der Jahreszeiten bestimme, spielt keine Rolle. Und ob ich den Raum mit meinen Füßen messe oder mithilfe von Satellitensystemen, ist auch nicht wichtig. Sie sind eine Realität unserer materiellen Existenz. Um Raum und Zeit zu verlassen, muss man erst mal tot sein.

Wirklich? Die Vorstellung von Zeit, wie wir sie kennen, hat nur Gültigkeit in unserer materiellen Existenz. Auch der Raum, der mit der Zeit verknüpft ist, braucht Materie, um zu existieren. Raum wird nur deutlich zwischen zwei Punkten, die in einer gewissen Entfernung zueinander liegen. Und um die Zeit fassbar zu machen, muss ich diese räumliche Entfernung zurücklegen. Dabei wird deutlich, dass ich nicht zugleich am Anfang und am Ende dieser Strecke sein kann. Genauso wenig können Sonnenaufgang und Sonnenuntergang gleichzeitig stattfinden. Was dazwischen liegt, nennen wir Zeit.

Albert Einstein hat jedoch vor über 100 Jahren mit seiner Relativitätstheorie aufgezeigt, dass Raum und Zeit in Grenzsituationen der Materie keine unveränderlichen Größen sind. Bei Reisen mit Lichtgeschwindigkeit vergeht die Zeit langsamer. Zeit und Raum verändern beziehungsweise krümmen sich, wenn man den Beobachter mit einbezieht in das zu beobachtende Szenario.

Diese Erkenntnisse helfen uns, besser zu erahnen, dass Raum und Zeit, so wie wir sie kennen, in geistigen Dimensionen nicht existieren. Wir können in Gedanken sofort an einen anderen Ort gehen. Wer Erfahrung mit Trancezuständen hat, der weiß, dass er außerhalb der materiellen Welt in Gedankenschnelle von einem Ort zum anderen »gehen« kann. Es ist möglich, telepathische Fähigkeiten zu entwickeln, hellzusehen, einen Blick in andere Inkarnationen zu werfen oder mit nicht inkarnierten Seelen zu sprechen. Ich kann meine geistigen Führer bitten, mir in einer Meditation oder in einem Traum Erlebnisse in anderen Inkarnationen zu zeigen. Oder sie tun es ganz von alleine, wenn ich Hilfe brauche. Und sie schicken mir Bilder, Worte oder ein inneres Wissen um die Dinge. Das ist nicht wie im Kino, wo ich im Sessel sitze und Bilder auf der Leinwand anschaue. In solchen meditativen oder geträumten Erlebnissen bin ich mittendrin. Ich bin da. In einer anderen Zeit, an einem anderen Ort.

Natürlich kann ich meiner materiellen Existenz nicht dauerhaft entfliehen. Wenn ich auf diese Gemeinschaftsebene zurückkehre, bin ich wieder eingebunden in Raum und Zeit. Du kannst Dir das vielleicht so vorstellen: Wenn ich mein Radio anschalte, stelle ich einen Sender ein und empfange nur diesen einen Sender. Zur gleichen Zeit sind aber die Funksignale, sprich die Information aller anderen Sender, vorhanden. Ich brauche nur mein Empfangsgerät auf eine andere Wellenlänge einzustellen und schon höre ich eine andere Sendestation. Genau das tue ich, wenn ich auf eine andere Bewusstseinsebene gehe und mich auf eine andere Inkarnation einstelle.

Von ganz erheblicher Bedeutung für meine karmische Situation ist die Tatsache, dass Vorgänge aus der Vergangenheit, auch aus anderen Leben, mein jetziges Leben beeinflussen können. Die moderne Psychotherapie macht sich die Möglichkeit von Rückführungen fleißig zunutze. Vielleicht kann ich sogar Vorgänge in anderen Inkarnationen aus meiner heutigen Inkarnation heraus verändern.

Du könntest nun sagen, das ist doch schizophren, das sind Halluzinationen, Deine Fantasie geht mit Dir durch. Ich versichere Dir, das ist simple Realität. Sich auf Informationen aus anderen Ebenen zu konzentrieren, zu lernen, sie zu erkennen und sich auf sie einzulassen, führt keineswegs zu Realitätsverlust, wie nun mancher Leser glauben könnte. Ganz im Gegenteil: Das sich Einlassen auf viele unterschiedliche Realitäten erweitert die Plattform Deiner eigenen Möglichkeiten und schenkt Dir ein weit gefächertes geistiges Spektrum, wie Du es nie für möglich gehalten hättest.

Meditation

Alles ist Energie. Es gibt keinen Ort, an dem ich nicht bin.

Mein jüngster Sohn starb im Alter von elf Jahren an Leukämie. Es hat über zehn Jahre gedauert, bis ich zum ersten Mal über seinen Tod sprechen und über diesen Verlust weinen konnte. Eine dumpfe Trauer und tiefe Hilflosigkeit hatte sich über mein Leben ausgebreitet. Ich verdrängte alle Gedanken an seinen Tod, und tief drinnen nagte der Schmerz. In einer meiner ersten Meditationen, die ich unter Anleitung meiner spirituellen Lehrerin erlebte, begegnete mir ein junger Araber. Auf dem Platz vor dem Haus des Königs in der Altstadt von Jeddah stand er vor mir in seinem gelb-braun gestreiften Kaftan, jung, ein schönes Gesicht mit strahlenden Augen. Ich sah mich selbst in einem hellblauen Kaftan. Ich war Händler und Schiffseigner und war bei meinem jungen Freund zu Besuch. Um uns her emsiges Treiben der Händler. Ich nahm Abschied von meinem Freund, um mich zum Hafen zu begeben. Dort lag meine Dhau und ich wollte nach Ägypten segeln, um dort meinen Geschäften nachzugehen. Und ich wusste ganz genau: Dieser junge Freund aus einer Inkarnation, die im Zeitgefüge der Erde viele hundert Jahre zurückliegt, ist mein verstorbener Sohn aus diesem Leben. Ich durfte ihn noch oft in weiteren Meditationen sehen; er war lange Zeit einer meiner geistigen Führer, und meine Trauer löste sich allmählich auf.

Meditation

Es gibt nichts zu fürchten außer der Furcht selbst.

In den letzten Monaten meiner Tätigkeit als leitender Angestellter hatte mich mein Vorstand sozusagen zum Abschuss freigegeben. Das hatte neben vielen anderen unangenehmen Konsequenzen auch zur Folge, dass einige meiner eigenen Mitarbeiter heftig gegen mich intrigierten. Weihnachten kam näher, die obligatorische Abteilungsfeier wurde angesetzt und ich musste als der Chef der Abteilung eine Rede halten. Ich hatte keine Ahnung, wie ich in dieser schlimmen Lage auch noch motivierende Worte für diese Bande von Intriganten finden sollte. In dieser Zeit erlebte ich mich während einer tiefen Meditation in einer anderen Inkarnation als Priester, der in einem Tempel Dienst tat. Ich erlebte, wie ich Menschen, die in Not waren, ohne Ansehen der Person und des Standes half. Ich wandte mich ihnen in kosmischer Liebe zu. Dieses Erlebnis in einer sehr alten Inkarnation gab mir die Kraft und den Mut, mich über die Angriffe gegen mich hinwegzusetzen, die bedrückten Gedanken davon ziehen zu lassen und vor meinen Mitarbeitern eine gute Weihnachtsansprache zu halten.

Meditation

Ich bestimme in jedem Augenblick meinen Zustand

Die Zeit ist an die materielle Existenz gebunden. In anderen Erkenntnisebenen gibt es keine Zeit. Deshalb ist es möglich, aus einer Inkarnation heraus die Gedanken in einer anderen zu beeinflussen.

Ich gehe durch ein vergoldetes Tor und befinde mich in einer Parklandschaft. Viele Menschen sind da, in der Mode des Biedermeier gekleidet. Ich gehe eine Allee entlang, an deren Ende eine Backsteinkirche mit einem schönen, schlanken Turm steht. Eine blasse Frühlingssonne scheint. Es ist meine Pfarrkirche, in der ich machtvolle Predigten halte, die aber von den Dogmen der Amtskirche gelegentlich etwas abweichen. Die Menschen kommen in großer Zahl, um mich zu hören. Ich fordere sie auf, sich im Gebet und in der Andacht vertrauensvoll direkt an ihren Gott zu wenden. Bei den Kirchenoberen errege ich damit Missfallen, sie greifen mich an und denunzieren mich. Ich verliere mein Pfarramt. Damit kann ich nicht umgehen, und ich ziehe mich an einen einsamen Ort zurück, um dort in großer Verbitterung zu leben.

In meiner gegenwärtigen Inkarnation habe ich gelernt, denen, die mir übel wollen, zu verzeihen und ihnen positive Gedanken zu senden. Das tue ich nun auch für meine Widersacher in der anderen Inkarnation. Damit verändere ich aus meiner jetzigen Situation heraus die Energien der anderen Inkarnation.

Ein Brief

Lieber Johannes,

worin besteht eigentlich geistige Führung? Wie funktioniert das? Ich glaube Dir gern, dass Du Dir das im Moment noch nicht vorstellen kannst. Es braucht einige Übung, um eine Antenne dafür zu entwickeln. Ohne diese Antenne achtest Du gar nicht auf solche »Kleinigkeiten«. Das Schicksal führt Dich zum Beispiel an einen Ort, an dem Du Dich besonders wohl fühlst. Du nimmst das zur Kenntnis, aber denkst Dir nichts weiter dabei. Es begegnen Dir Menschen, Du begrüßt sie, Du unterhältst Dich mit ihnen, Du verabschiedest Dich wieder und denkst Dir weiter nichts dabei. Und doch haben alle diese Begebenheiten eine Bedeutung in Deinem Lebensplan: Sie sind Instrumente der geistigen Führung.

Ist es Dir schon passiert, dass Du in einer Unterhaltung etwas sagtest, was Du gar nicht sagen wolltest? Vielleicht hast Du Dich sogar geärgert, dass Dir das herausgerutscht ist. In Wahrheit hat Deine geistige Führung nur etwas nachgeholfen. Oder hast Du Dir schon tagelang den Kopf zerbrochen über eine wichtige Entscheidung, und plötzlich, in einem stillen Moment, wusstest Du ganz genau, was Du zu tun hast? Du hast dieses Ergebnis wahrscheinlich Deiner Intelligenz zugeschrieben. In Wahrheit hast Du Dich für eine Eingebung geöffnet.

Es kann auch ganz dick kommen. Ein Unfall, eine schwere Krankheit, beruflicher Misserfolg geben Dir Gelegenheit, Dein Leben zu prüfen, Deinen Blick in eine neue Richtung zu wenden, Dich zu öffnen für Neues.

Auch das gehört zum Instrumentarium Deiner geistigen Führung.

Und wenn Du Dich dann eines Tages dazu entschließt, die geistige Welt bewusst um Erkenntnisse und um Führung zu bitten, dann wirst Du feststellen, dass Du immer eine Antwort bekommst. Der Volksmund sagt: Mir geht ein Licht auf. Genau das passiert. Du hast eine Erleuchtung. Oder Du erhältst Antwort auf Deine Fragen im Traum. Oder du weißt einfach ganz plötzlich, was in einer bestimmten Situation richtig ist. Wahrscheinlich bekommst Du nicht immer die Antwort, die Du gern hättest, aber das Annehmen von unerwarteten Ereignissen in Demut gehört auch zu dieser Lektion. Und rückblickend wirst Du dann feststellen, dass es so am besten war.

Es gehört übrigens eine gute Portion Selbstbewusstsein dazu, auf seine innere Stimme zu hören, diese Ratschläge anzunehmen und auch nach ihnen zu handeln. Das hat ganz gewiss nichts mit Schwäche zu tun. Genug für heute.

Ich liebe Dich,
Dein Victor

Wir sind aus Energie gemacht

Jede materielle Form besteht vorher in der geistigen Welt.

Ich sitze vor dem leeren Malpapier und vertiefe mich in das Bild, das ich malen werde. Ich verbinde mich durch wissendes Sehen mit meinem Motiv. Ich lege den Bildausschnitt fest, mache mir Gedanken zur Bildkomposition. Ich fühle nach, welche Farben das Bild möchte. Dann mache ich die ersten Striche. Noch unsicher, Korrekturen, mir kommt eine neue Idee zur Komposition. Allmählich nimmt das Bild Konturen, Formen und Farben an, und irgendwann wird mir bewusst, dass nicht mehr ich das Bild erschaffe, sondern das Bild mir sagt, was es will. Es existiert bereits im Geist und kommt durch mich in die Welt der Materie.

Bei den Philosophen der Antike kannst Du es nachlesen: Der Geist kommt vor der Materie. Anders ausgedrückt: Jede materielle Existenz, sei es ein Stein oder ein Mensch, hat zuerst seine Existenz in geistiger Form. »Ohne geistiges Vorbild kann es keine materielle Existenz geben«, wie schon der griechische Philosoph Parmenides lehrte. Nun kannst Du sagen, was geht das mich an, was die Spinner vor zwei- oder dreitausend Jahren erzählt haben? Dann schauen wir uns doch bei der zeitgenössischen Wissenschaft um. Die moderne Physik lässt Raum für den Geist. Sie kommt zu der Feststellung: Masse ist keine Substanz, sondern eine Energieform.

Im Jahr 1900 schrieb der Physiker Max Planck seine Hypothese über die Quanten nieder. Im Jahr 1905 wandte Albert Einstein die Quantenmechanik auf das

Licht an, und 1926 taufte Gilbert N. Lewis die Lichtquanten Photonen. 1927 schlug Niels Bohr vor, dass man Licht sowohl als Teilchen als auch als Schwingung begreifen könne. Etwa um dieselbe Zeit stellte Alexander Gurwitsch fest: Es ist Licht in unseren Zellen, 1975 wieder entdeckt und methodisch bestätigt durch Fritz A. Popp. Er spricht von Biophotonen.

Alles, was physikalisch existiert, auch der menschliche Körper, besteht zu 98 Prozent aus reiner Schwingung. Ein Atom besteht aus dem Atomkern und Elektronen, Neutronen, Protonen usw. Wir nennen diese unvorstellbar kleinen und für das menschliche Auge unsichtbaren Bestandteile des Atoms Teilchen. Deshalb spricht man in diesem Zusammenhang auch von subatomarer Physik.

Diese Teilchen bewegen sich mit unvorstellbar hoher Geschwindigkeit um den Atomkern. Sie sind nicht als feste Körper auszumachen. Der Zwischenraum, den die Teilchen im Atom umkreisen, ist im Verhältnis zum Atomkern riesig groß. Und scheinbar leer. Er bildet ein Schwingungsfeld. Die Tatsache, dass die Masse eines Teilchens gleich einer bestimmten Energiemenge ist, bedeutet, dass das Teilchen nicht länger als statisches Objekt gesehen werden kann. Es ist eine dynamische Struktur, ein energetischer Prozess, der sich als Masse des Teilchens manifestiert.

Die vielen kleinen Felder addieren sich zu immer größeren Feldern mit eigenen Schwingungen: Sie werden zu Zellen, Organen und ganzen Körpern. Zu Materie. Und alle Zellen stehen durch ihre Schwingungsfelder miteinander in Verbindung.

Die Zellen stehen in Verbindung, weil alle Teilchen miteinander in Verbindung stehen und aufeinander reagieren. Auf diese Weise korrespondieren unsere Zellen miteinander. Nach Popps Biophotonen-Theorie bilden diese Schwingungsfelder ein Netzwerk im ganzen Körper, das unseren Organismus und letztlich alle Lebensvorgänge steuert.

Biophotonen als Mittler zwischen Materie und Geist? Wir wissen, dass Geist sich in Form von Schwingung, in Form von Licht manifestiert. Man nennt das auch Nullpunkt-Energie. In anderen Kulturen nennt man das Qi, Ki oder Prana. Hier bekommen wir nun die Verbindung zwischen der allgegenwärtigen kosmischen Urenergie und unseren individuellen materiellen Existenzen frei Haus geliefert. Eine zunehmende Zahl von Wissenschaftlern und interessierten Laien anerkennt heute diese Zusammenhänge. Leider sind sie aber noch nicht zum Allgemeingut geworden. Unser tägliches Leben wird immer noch von einem mechanistischen Weltbild beherrscht, das durchaus gültig ist, solange wir uns in unserer gewohnten Umgebung bewegen.

Mit der Vorstellung von einer ordnenden Kraft der Teilchen, die auch physikalisch nachweisbar ist, und sei sie noch so theoretisch, gelingt es mir nun, das Aussenden und Empfangen von Energien ohne Rücksicht auf Raum und Zeit auch als einen physikalischen Vorgang zu begreifen. Und wenn es richtig ist, dass unsere Zellen alle Informationen über unsere gesamte Entwicklung in sich tragen, dann ist es mit diesem Ansatz auch verständlich, warum wir Bilder aus unserer Vergangenheit und unserer Zukunft sehen können. Und wenn es weiterhin richtig ist, dass sich das Licht unserer Zellen auf das Licht des Universums einstellen kann, ja, es von ihm sogar Nahrung und ordnende Kraft erhält, dann ist es auch völlig klar, warum wir mit Wesenheiten in der geistigen Welt kommunizieren können. Um diese Vorstellungen zu meiner Realität werden zu lassen, muss ich allerdings bereit sein, über die Grenzen der klassischen Physik hinauszugehen und mich auf den Weg machen zum Metaphysischen, zur Mystik.

Wenn ich aber nur gelernt habe, mit den Augen des Materialisten zu sehen, so kann es doch hilfreich sein, zu erkennen, dass subatomare Teilchen eine Korrespondenz miteinander haben können, dass im subatomaren Bereich der neuen Physik andere Gesetzmäßigkeiten herrschen. Es geht mir nicht darum, Metaphysik wissenschaftlich zu bestätigen, sondern darum, mit Hilfe dieses Wissens Einsicht dafür zu erzeugen, dass es auch auf dem Feld der Naturwissenschaften andere, neue Ebenen des Erkennens gibt.

Eine Warnung

Freiheit bedeutet, mich selbst und andere zu respektieren.

An dieser Stelle ist es Zeit für eine eindringliche Warnung. Es gibt Menschen, die versuchen, Zugang zu anderen Ebenen des Bewusstseins zu erhalten, um von da aus anderen Menschen Schaden zuzufügen. Oder um sich ungerechtfertigte persönliche Vorteile zu verschaffen. Oder nur so zum Spaß.

Das nennt man schwarze Magie. Ich muss jeden eindringlich davor warnen, sich auf solche Versuche einzulassen. Unabhängig von der Frage, ob seine Bemühungen von Erfolg gekrönt sind oder nicht, fügt dieser Mensch sich selbst großen Schaden zu, der entweder gleich in dieser Inkarnation offenbar wird oder schwerwiegende Folgen für sein karmisches System in anderen Inkarnationen nach sich zieht.

Wer sich mit schwarzer Magie einlässt, macht sich des versuchten Machtmissbrauchs mithilfe der geistigen Welt schuldig. Im Licht der spirituellen Energien ist das eine unzulässige Eigenmächtigkeit und stellt eine schwere Verfehlung gegen den Universellen Geist dar.

Auch vor scheinbar harmlosen kultischen Handlungen in sogenannten Hexenkreisen ist dringend zu warnen. Ebenso ist die Herbeirufung von Geistern zum Spaß oder zur Unterhaltung einer feucht-fröhlichen Gesellschaft sträflicher Leichtsinn. Die kommen nämlich, und häufig wird man sie nur sehr schwer wieder los.

Ein Brief

Lieber Johannes,

kürzlich sprach ich davon, dass Gedanken und Gefühle Energie sind. Was ich als Gedanken aussende, bleibt als Energie erhalten und kommt – positiv oder negativ – irgendwann zu mir zurück. Das Gleiche gilt auch für Gefühle. Und wenn ich mir Gefühle nicht bewusst mache, sondern sie in mir unterdrücke, dann bleiben sie als Energie in mir selbst erhalten und richten sich gegen mich, indem sie meine eigenen Energien stören. Das kann im äußersten Fall zu psychosomatischen Erkrankungen führen.

Es lohnt sich, ein wenig darüber nachzudenken, welche Konsequenzen diese Vorstellung haben kann. Wenn jedes Wesen, jeder Gegenstand, ja, jedes Wort seine eigene Schwingung hat, so sendet alles auch Energie aus oder nimmt im umgekehrten Fall Energie auf. Es gibt jedenfalls nichts, was energetisch völlig isoliert existiert. Die Energie, die ich in Form von Gedanken oder Gefühlen aussende, wirkt auf alles. In manchen Fällen wird die Wirkung direkt sichtbar, meistens bleibt sie zunächst unbemerkt. Aber wir sollen uns nicht täuschen, auch dann wirkt sie. Besonders dann, wenn viele Menschen zur gleichen Zeit das Gleiche denken und fühlen. Da ist dann vom Zeitgeist die Rede, irgendetwas kommt plötzlich in Mode, es entstehen politische Strömungen, und keiner weiß so recht, wie das kommt. Es ist die Energie der Gedanken und Gefühle. Auch wenn viele Menschen für eine Sache beten oder auf andere Weise immer wieder positive Gedanken senden, verändern sich die Dinge.

Wenn ich mir nun bewusst mache, dass ich eingebunden bin in ein alles umspannendes Netz von Energien, die sich untereinander austauschen, so führt das doch notwendigerweise dazu, dass ich mit allem, was mir begegnet, bewusster und sorgfältiger umgehe. Mit Dingen, Pflanzen, Tieren und Menschen. Dass ich Verantwortung übernehme nicht nur für das, was ich tue, sondern auch für das, was ich denke. Kürzlich rief einer in einem Fernsehbeitrag über Umweltthemen: »Was die mit unserer Erde machen!« Das würde sich dann von alleine regeln, denn, wenn sich jeder für die Konsequenzen seiner Gedanken verantwortlich fühlte, dann würde niemand mehr Umweltschäden anrichten ohne Rücksicht auf die Folgen.

Lass mich Dir schildern, wie ich das meine. Wenn ich weiß, dass der Wald viele Formen von Energie darstellt, und dass es zwischen ihr und meiner eigenen Energie eine Wechselwirkung gibt, und dass ich in meinen Gedanken Verantwortung für diesen Wald trage, dann habe ich so viel Respekt vor dem Wald, dass ich ihn nicht zerstöre. Das heißt nicht, dass ich nicht einen Baum fällen darf, wenn ich das Holz brauche. Solange ich dies mit einer Einstellung der Dankbarkeit gegenüber der Erde tue, und gleichzeitig die Bäume, die drumherum sind, stehen lasse, ist das ja in Ordnung.

Gleiches trifft auch auf Tiere zu. Auch wenn ich mir bewusst bin, dass zum Beispiel ein Rind eine recht komplizierte Form von Energie darstellt, die – wie alles andere – in der geistigen Welt ihre Entsprechung hat, dann kann ich es trotzdem in einer Haltung der Dankbarkeit zu meiner Ernährung schlachten. Aber ich kann dann nicht mehr Tiere zu Tausenden schlachten ausschließlich zur Erwirtschaftung eines Profits und ohne dass wirklich Bedarf dafür besteht. Mit der Konsequenz, dass der tote Körper der Tiere dann jahrelang in Kühlhäusern lagert oder in Kühlschiffen um die Erde transportiert wird. Und ich kann auch lebende Tiere dann nicht vor ihrem Tod unsäglich quälen, indem ich sie ohne Wasser und Nahrung und in dem Wissen, dass sie sterben müssen, über viele Tausend Kilometer transportiere. Und ich kann auch nicht Schlachtvieh zur Profitmaximierung mit Hormonen und Chemikalien voll stopfen, zum einen, weil es der Tiere nicht würdig ist, und zum andern, weil ich meine Kunden damit vergifte. All das kann ich nicht tun, wenn ich mir bewusst bin, dass diese Tiere Energien sind, die mit meinen eigenen Energien im Austausch stehen.

Und nun stelle Dir die Konsequenzen für menschliche Beziehungen vor. Jeder Kontakt, jede Verbindung ist energetisch, ist ein Austausch von Energie. Du kennst sicher die Situation, dass Du Dich nach einem längeren Gespräch müde und ausgelaugt fühlst. Dein Gesprächspartner hat Energie von Dir abgezogen, indem er versucht hat, durch geschickte Gesprächsführung irgendeine Art von Überlegenheit herzustellen. Das geht natürlich auch in umgekehrter Richtung. Wenn Du eine Überlegenheit schaffen konntest, fühlst Du Dich richtig gut. Wenn man diesen Mechanismus nun kennt, kann man es ja besser machen. Zum Beispiel, indem Du einem Gesprächspartner, der gerade spricht, freiwillig Energie sendest. Das hat zur Folge, dass der andere nicht versuchen muss, Dir Deine Energie abzuziehen, und das Gespräch wird automatisch offener und führt zu besseren Ergebnissen.

Wenn Du mit einer brennenden Kerze in der Hand in einem dunklen Raum stehst und Du erlaubst anderen, ihre Kerze an Deiner Kerze anzuzünden, dann wird Dein Licht nicht weniger, aber im Raum wird es heller.

Aber wie macht man das, wie sendet man Energie? Das ist ganz einfach. Du schaust Dein Gegenüber bewusst an, Du denkst etwas Positives über ihn oder sein Thema, und dann hörst Du ihm aufmerksam zu. Probiere das doch einfach mal! Mit ein bisschen Übung macht das richtig Spaß, und Du wirst sehen, es funktioniert.

Bis bald.
Ich liebe Dich,
Dein Victor

Geistige Führung ersetzt nicht die eigene Entscheidung

Alles, was ich mir vorstelle, erschaffe ich.

Ich lerne, im Traum, in der Meditation, in der Stille auf die Nachrichten und Hinweise meiner geistigen Führer zu hören. Ich bin willens, eine innere Leere, Offenheit herzustellen, dann kommen die verrückten Ideen, die das Leben so spannend machen. Dabei dürfen mich die anderen sehen, wie sie wollen.

Es genügt nun aber nicht, still zu sitzen und auf Eingebungen zu warten. Denn mein Unterbewusstes wird immer von Bildern und Vorstellungen gesteuert. Und ich bin selbst verantwortlich dafür, welchen Vorstellungen ich erlaube, mein Unterbewusstsein zu steuern. Alles, was ich mir vorstelle, erschaffe ich. Dabei ist es die grundlegende und wahre Absicht, die zählt. Sie kommt zu 100 Prozent aus mir selbst. Ich muss immer wieder bewusst entscheiden und bin verantwortlich für meine Gefühle und Gedanken und ich kann wählen, wie ich damit umgehe.

Eine ganz wichtige Voraussetzung für den Umgang mit meinen Gefühlen und Gedanken ist die Bereitschaft zur bedingunslosen Liebe – Gott lieben heißt das Leben lieben, so wie es ist, mich selbst lieben, so wie ich bin. Und Leben ist Schwingung, Entwicklung, ständige Veränderung. Gott lieben heißt auch bereit sein, Veränderung anzunehmen.

Auch bereit sein, Krankheit anzunehmen. Sie findet auf allen Ebenen meines Bewusstseins statt. Heute werden überall noch die Symptome bekämpft. In Wahrheit ist immer ein ganzheitlicher Grund da. Die seelische Wahrnehmung ist ganzheitlich. Die Seele ist ein Energiekörper, dessen Kraft das wahre Potential entfaltet. Die geistigen und der materielle Körper durchdringen sich. Der Zustand und die Entwicklung des physischen Körpers wird durch die Seele gelenkt und getragen, er wohnt in ihr. Solange meine Seele durch meine eingeschränkte Erkenntnisfähigkeit, durch mein Abgeschnittensein von der kosmischen Kraft, durch meine fehlende Bereitschaft zur Veränderung in ihrer Schönheit und Wirkung behindert ist, wird sich dies auf meinen materiellen Körper übertragen; ich werde krank sein. Die spirituelle Befreiung wird meine Seele und meinen Körper heilen.

Diese innere Befreiung erlebe ich dann, wenn es mir gelingt, mich in völliger Gelassenheit meiner geistigen Führung anzuvertrauen. Dies fällt uns sehr schwer, denn wir sind es gewohnt, selbst aktiv nach Lösungen zu suchen. Hier sollen wir nun einfach annehmen, was das Schicksal für uns bereithält, und dies zu unserer hundertprozentigen Absicht werden lassen. Das hat nichts mit Passivität oder Fatalismus zu tun. Dies ist ein Zustand höchster innerer Konzentration und Aktion. Er bedeutet Schwingung, Öffnung, Veränderung, Kreativität, ein Erkennen neuer Bewusstseinsebenen.

Eine abenteuerliche Reise

Wenn wir die äußere Realität wichtiger nehmen als die innere, erkennen wir nichts.

Ich besuche einen lieben Menschen, den ich heute zu meinen Freunden zählen darf. Er ist ein begnadeter Astrologe. Wir schauen mein Horoskop an und er deutet es für mich:

In nächster Zeit gibt es für mich kein ruhiges Fahrwasser. Chaos, Lernen. Noch besser lernen, auf meine innere Führung zu hören. Er zeichnet mir ein Bild, wie ich in einem Boot auf dem Fluss fahre. Anfangs kann ich die Ufer sehen. Der Fluss wird immer breiter, die Ufer treten zurück. Der Fluss mündet ins offene Meer. Ich verliere das Ruder und kann das Boot nicht mehr steuern. Und dann geht mein Boot langsam unter. Es gibt nichts mehr, woran ich mich festhalten kann. Ich lasse mich treiben und vertraue darauf, dass ich genau da ankomme, wohin mein Lebensplan mich führen will.

Mir wird schmerzlich bewusst, dass ich keine Ahnung mehr davon habe, wo ich eigentlich hin will. Ganz langsam beginne ich zu verstehen, dass dieser Zustand genau das Ziel ist, nach dem ich so lange gesucht habe. Nur in diesem Zustand bin ich in der Lage, alle Möglichkeiten, die meine geistige Führung mir anbietet, anzunehmen. Den Kanal zur geistigen Welt ganz öffnen und die Erkenntnisse annehmen und weitergeben. Nichts wird mir genommen, ohne dass etwas Besseres, Neues geschaffen wird. Ich löse mich von den Ereignissen der

Vergangenheit und der Zukunft. Nur die Gegenwart zählt.

Inhalt

Vorwort	7
Meine ersten Erinnerungen	11
Träume	13
Im Seminar	14
Schweinchen im Betrieb	16
Die Abmahnung	18
Machtmissbrauch	19
The Old Bear	22
Hon y soy qui mal y pense	24
Transaktionsanalyse	32
Wenn die Menschen leiden, leidet das Unternehmen	34
Wer spricht da aus mir?	37
Den Zielen des Unternehmens dienen	38
Der Kunde, von dem wir leben	41
Noch ein Horoskop	42
Sparen	45
Die Rolle des Managements	48
Eine Notbremsung ist immer schmerzhaft	53
Marketing	56
Träume	59
Heckenschützen	61
Ein Brief	65
Wir wirken immer	68
Renate kommt	72
Das große Lebensspiel	73
Überzeugung	80
The Spiritual Association of Great Britain	82
Wo die Arbeit Spaß macht	84

Positive Gedanken senden	89
Der Motettenchor	92
Die Seherin	93
Wirtschaft	95
Der neue Manager	97
Die Seherin	104
Ein Brief	106
Eigenverantwortung ohne Grenzen	108
Kernspaltung – ein Irrweg	113
Das Stuhlheben	121
Flora und Fauna	123
Ein Brief	129
Das Recht auf Arbeit	132
Die neue Gesellschaft	137
Ein Brief	140
Die Seherin	143
Träume	145
Sollen wir noch ein wenig Neudeutsch reden?	147
Verräterische Sprache	149
Ein Brief	154
Die spirituelle Lehrerin	157
Wie soll das weitergehen?	159
Der Lastwagen	163
Innere Freiheit	164
Ein Brief	168
Bilder	171
Ein Brief	174
Meine erste Zirkusvorstellung	177
Zeit und Raum	179
Meditation	182
Ein Brief	185
Wir sind aus Energie gemacht	187
Eine Warnung	191

Ein Brief 192
Geistige Führung ersetzt nicht die
eigene Entscheidung 196
Eine abenteuerliche Reise 198

Danksagung

Ich danke ...

meiner geliebten Frau Silke, die mehrere Jahre lang meinen Weg geduldig begleitet hat. Sie hat (fast) immer meine Stimmungsschwankungen ruhig ertragen. Sie hat mich häufig ermuntert und in meinen oft sehr unkonventionellen Entscheidungen bestärkt. Und sie hat Vorschläge zu diesem Buch gemacht.

meiner Freundin Ute, die mich ein paarmal so kräftig vor den Kopf gestoßen hat, dass ich endlich anfing, nachdenklich zu werden. Und sie hat mich mit meiner spirituellen Lehrerin zusammengebracht.

meiner Lehrerin Sarah, die mir mit viel Liebe und Geduld eine völlig neue Welt gezeigt hat, die ich in Wahrheit längst kannte. Sie war auch die Erste, die mir nahe legte, meine Erlebnisse aufzuschreiben.

Uncle Willie in Cansas City, der mich vor Jahren dazu ermuntert hat, dieses Buch zu schreiben.

unserer Freundin Julia, die mein Buch im »Rohzustand« gelesen, mich beraten und mich darin bestärkt hat, es zu veröffentlichen.

allen denen, die mir im Laufe der Jahre feindlich entgegen traten. Sie waren immer ein Spiegel für mich, in dem ich eine Schattenseite von mir selbst erkennen konnte.

allen meinen Freunden, von denen immer, wenn es notwendig war, einer da war, um mir das Richtige zu sagen, das mir wieder die Augen öffnete.

unserem Kater Moritz, unserem Kater Sir Henry, unserem Hund Tommy und unserem Pferd Ibikus, die alle vier großartige Lehrmeister für mich waren. Sie stehen stellvertretend für die Tiere dieser Erde.

allen geistigen Lehrern, Führern und Helfern, die mir mit großer Liebe und Geduld stets beistehen, mich lehren und in die überwältigende Schönheit der geistigen Welt einführen.